루틴의 설계

루틴의 설계

펴 낸 날 2025년 8월 20일 초판 1쇄

지 은 이 검마사 홍성호
펴 낸 이 박지민, 박종천
편　　집 윤서주, 김정웅
책임편집 김현호
책임미술 롬디
마 케 팅 이경미, 박지환

펴 낸 곳 모모북스
　　　　　경기도 파주시 지목로 89-37 (신촌로88-2) 3동1층
　　　　　전화 010-5297-8303　02-6013-8303　팩스 02-6013-830
　　　　　등록번호 2019년 03월 21일 제2019-000010호
　　　　　e-mail pj1419@naver.com

ⓒ 검마사 홍성호, 2025
ISBN 979-11-90408-76-9 03190

- 책값은 뒤표지에 있습니다.
- 잘못된 책은 구매하신 곳에서 교환해드립니다.
- 모모북스에서는 여러분의 소중한 원고를 기다립니다.
  투고처: momo14books@naver.com

루틴의 설계

작은 반복이
만드는
큰 변화

검마사 홍성호 지음

추천사

저자는 무기력한 일상을 넘어, 스스로 삶의 주인이 되는 길을 열었다. 이 책은 그의 치열한 경험으로, 작은 반복이 어떻게 삶을 바꾸는지를 담아낸 정직한 기록이다. 저자의 담백한 고백이 구체적인 방법론과 만나 더 큰 울림을 만든다. 이제 당신의 시간이 움직일 차례다. 그의 이야기가 당신만의 루틴을 만들 첫걸음을 따뜻하게 응원한다.

— <거인의 노트> <파서블> <마인드 박스> 저자, 기록학자 **김익한**

나에게 '검마사'는 믿을 수 있는 사람이다. 그는 자신과의 약속을 지키며 살아가고, 타인과의 약속에도 늘 진심을 담는 사람이다. 글과 사람을 좋아하고, 그 진심은 언제나 글과 말로 전해진다. 하지만 과거의 그는 지금과 많이 달랐다고 말한다. 꾸준함도 없었고, 책과 글쓰기도 멀게 느껴졌던 시절이 있었다고 한다. 이 책은 그런 그가 스스로를 다시 세우며 써 내려간 변화의 기록이다. 크고 특별한 결심보다, 작고 단순한 반복이 삶을 어떻게 바꾸는지 조용히 들려준다. 가볍게 읽히지만 마음에는 오래 남는다. 지친 날, 나도 다시 해보고 싶어지는 책이다.
 - <부의 통찰> <부를 끌어당기는 글쓰기> <마흔 이제는 책을 쓸 시간> 저자 **부아c**

어떤 날은 눈을 떠도 다시 눈을 감고 싶을 때가 있습니다. 삶이 무너져 내린 듯, 어디에도 기댈 곳이 없는 듯한 순간 말입니다. '검마사' 작가 역시 그런 날들을 지나왔습니다. 이 책은 거창한 성공담이 아닙니다. 하루를 살아도 '나다운 삶'을 살기 위해, 작고 단순한 루틴을 붙잡고 끝내 포기하지 않았던 한 인간의 고백입니다. 독자는 이 책을 통해 변화에 대한 살아 있는 영감을 얻게 될 겁니다. 인생을 바꾸는 힘은 번쩍이는 재능이나 우연한 행운이 아니라, 오늘 하루의 작은 반복 속에 숨어 있다는 사실을 새삼 깨닫게 됩니다. 이 책을 펼쳐 읽어보세요. 루틴의 힘이 당신을 조금 더 단단하게 만들 겁니다. 어제보다 강해진 자신을 발견하고, 내일을 향해 한 걸음을 내디딜 용기가 피어납니다.

 - <처음으로 공부가 재밌어지기 시작했다> 저자 **임진강**(데미안)

프롤로그

지금부터 말하려는 것은 지난 2년간의 경험을 통해 깨달은 루틴에 관한 이야기이다. 불과 2년이라는 기간 동안 내가 어떤 과정을 통해 변하게 되었는지 알게 된다. 누가 시켜서 한 일은 아니었다. 간절함이 나를 움직이게 했다. 생각만 하고 실행으로 옮기지 않았다면 현재의 나는 없었다. 생각을 행동으로 옮기자, 일이 술술 풀렸다. 어려움에 부닥칠 때마다 내게 필요한 정보와 도움의 손길이 찾아왔다. 성장하는 인생이 얼마나 즐거운 것인지를 깨닫게 됐다. 기회는 언제 어디서 올지 모른다. 준비된 사람에게 찾아오는 것이다. 과거의 나는 변화를 위한 준비가 덜 되어 있었다. 이제는 만반의 준비가 되어 있음을 느낀다.

변화는 아주 작은 것부터 시작한다. 처음부터 대단한 변화를 기대해서는 안 된다. 작은 행동의 반복 속에서 루틴의 힘을 깨닫게 된다. 루틴을 설계하고 행동으로 옮기는 것에 자신감을 느끼게 된다면 습관으로 이어갈 수 있다. 루틴을 만들고 습관화를 시키는 것에 정해진 공식이나 매뉴얼이 있는 것은 아니다. 특별한 기술도 필요하지 않다. 변하겠다는 간절한 마음만 있으면 충분하다. 여기에 생각을 실행으로 옮기는 의지와 열정만 있다면 완벽하게 준비가 된 셈이다. 작은 행동의 시작은 블로그였다. 블로그로 시작된 변화가 내 삶 전체를 바꿨다. 글을 꾸준히 쓰기 위해 만든 루틴이 이제는 인생 전반에 걸쳐서 영향을 미친다. 운동을 하고 글을 쓰고 일을 하는 모든 것들을 루틴으로 만들고 실행한다. 처음부터 인생이 바뀔 것이라 기대하고 시작한 것은 아니다. 조금이라도 답답한 일상에서 벗어나기 위해 시작한 루틴이다.

무더위가 기승을 부리던 6월의 어느 날 아침이었다. 잠에서 깬 나는 한동안 이불 안에서 머물러야만 했다. 평소와 다른 상태인 것을 깨달았기 때문이다. 입안에서는 비릿한 맛이 느껴졌다. 입 안쪽이 크게 찢어지고 온몸 여기저기에서 크고 작은 통증이 느껴졌다. 아무래도 새벽에 뭔가 일이 벌어진 모양이다. 불길한 예감은 현실이 되었다. 거실은 온통 난장판이 되어 있었다. 시뻘겋게 변한 수건은 가벼운 사건이 아님을 보여주고 있었다. 거실을 가득 채우고 있는 역한 피비린내의 주인공은 바로 나였다.

큰 사고를 낸 것은 아닌지 걱정부터 들었다. 이 정도로 피비린내가 날 정도면 누군가와 시비가 붙었던 것은 아닌지 두려웠다. 이불 속에서 바로 몸을 일으키지 못한 것도 합의를 어떻게 봐야 할지에 대한 걱정 때문이었다. 정신을 차린 뒤에 확인해 보니 다행스럽게도 그 정도로 사고는 친 것은 아니었다. 얼굴이 온통 피투성이가 되어 인사불성 상태로 경찰관들에게 부축을 받아서 집에 돌아오긴 했어도 누군가와 싸운 것은 아니었다고 한다. 술에 취해서 혼자 길바닥을 구른 모양이다. 심하게 구르는 바람에 몸 여기저기에 상처가 가득했지만 뼈가 부러지거나 인대가 찢어지는 등의 큰 상처를 입지 않은 것만 해도 천만다행이었다. 만약에 차도에서 넘어지거나 인적이 드문 곳에서 쓰러졌다면 큰일이 발생할 수도 있었다. 하늘이 도왔다.

대체 새벽에 어떤 일이 벌어진 것일까? 지금까지 술주정 한

번 없던 내가 무슨 일로 인사불성이 된 걸까? 아무리 취해도 집만큼은 귀신같이 찾아오던 나였다. 평소에 하지 않았던 짓을 했다는 것은 그만큼 내 신변에 무슨 일이 생겼음을 의미했다. 남 탓을 하겠다는 것은 아니다. 이미 벌어진 일은 내 책임이었다. 그런 사고를 친 것을 이해하려면 그 당시 내 상황을 설명해야 한다. 당시의 나는 몸과 마음이 무너진 상태였다. 자존감과 자신감이 극도로 낮아진 상태였다. 인생에 회의감이 들 정도였다. 일에 지쳤고 사람에게 실망을 느끼는 상황이었다. 지금까지 힘든 일은 많았지만, 꿋꿋이 버텨왔던 내가 무너졌다는 것은 심각한 상황이었음을 의미하는 것이었다. 술에 의존하는 날이 이어졌다. 위기를 정면으로 맞서기보다는 알코올에 의지해서 피할 생각부터 했다.

나를 절망 속으로 밀어 넣은 것은 일보다는 사람에 원인이 있었다. 믿었던 사람들의 배신이 나를 힘들게 했다. 정신적으로, 낭떠러지로 밀어 넣은 것은 어렵게 만난 여자 친구와의 이별에도 원인이 있었다. 한때는 내가 좋다고 따라다니던 그녀가 어느 사이엔가 변했다. 나를 차갑게 대하고 연락도 잘되지 않았다. 여기에 더해서 거래처들은 자신들이 힘들다는 이유만으로 예고도 없이 프로젝트를 중단해 버렸다. 프로젝트가 줄줄이 취소되면서 경제적으로 어려움을 겪게 되자, 지인들도 하나둘 등을 돌리기 시작했다. 아무리 힘들어도 돈을 빌려달라고 한 적은 없었다. 자신들과 수준이 맞지 않는다는 이유만으로 따돌림이 시작됐다. 내가 잘나가던 시절에는 새벽에도 내가 필요하다며 전화하던 그들이었기에 상실감이 컸다.

벼랑 끝으로 몰린 상황에서 나를 잡아줄 무엇인가가 필요했다. 무너진 일상을 회복시켜야 했다. 그때만 해도 루틴에 대한 이해가 부족했던 시절이었다. 일을 하더라도 제대로 된 치밀한 계획보다는 눈앞에 보이는 일부터 처리하던 시절이었다. 프로젝트를 수행할 때만 계획이 필요한 것이 아니었다. 일상을 효과적으로 보낼 계획을 세워야 했다. 제대로 된 계획이 없이 무리하게 일을 추진하다 보니 체력만을 믿고 밤을 새우는 일이 잦았다. 젊었을 때는 그나마 체력이 있었기에 무리한 일정을 버텼다. 나이를 먹고 보니 체력에도 조금씩 한계가 나타났다. 새벽 늦게까지 일을 하면 회복하는 데 많은 시간이 필요했다. 잠을 줄이는 것도 한계가 있었다. 잠이 부족하다 보니 낮에도 꾸벅꾸벅 조는 날이 늘어났다. 기상 시간도 들쭉날쭉

했다. 멍한 상태가 이어졌다. 어디서부터 문제를 풀어야 할지 막막했다. 상황이 어려울수록 정신을 바싹 차려야 했다. 무너진 일상을 바로 세우기 위해 루틴을 설계하고 이를 실행으로 옮겨야 했다. 작은 행동부터 시작해야 했다. 안타깝게도 내게는 루틴을 만들 수 있는 여유가 부족했다. 마음에 여유가 부족하다 보니 시야가 좁아진 상태였다. 본능적으로 일을 하고 일이 마무리되면 밤늦게까지 술을 마셨다. 알코올이 위기를 해결해 줄 수는 없다. 자책의 나날이 이어졌다. 점점 더 자신을 믿지 못하게 됐다. 자신을 믿지 못하는 상황에서 의지가 생길 수가 없다. 새해가 될 때마다 세운 계획은 오래 가지 못했다. 확실한 목표도 없고 의지도 없다 보니 며칠이 지나기도 전에 흐지부지되고 말았다. 올해만큼은 다를 것이라는 다짐이 무색할 지경이었다. 생각만 해서는 아무것도 바뀌지 않는다는 것을 깨달아야 했다. 행동으로 옮기지 못하는 계획은 아무리 훌륭한 계획이라도 공염불에 그치고 마는 것이다. 시간은 계속 흘러 연말이 된다. 답답한 현실을 원망하면서 새해에는 다를 것이라 다짐해 본다. 하지만 새해가 되면 똑같은 일상을 반복할 뿐이었다.

새벽의 사건이 나를 움직이게 했다. 안 좋은 습관으로 돌아가기 전에 나를 바꾸고 싶었다. 무작정 서점으로 향했다. 뭐라도 읽어야 마음에 위안이 될 것 같았다. 서점에 들어서자마자 눈에 보인 책을 집어 들었다. 자청이 쓴 〈역행자〉와의 만남은 이렇게 시작됐다. 지금까지 많은 자기 계발서를 읽었다. 책을 아무리 읽어도 바뀌지 않은 것은 실행으로 옮기지 않았기 때문이다. 신기하게도 지금까지 읽었던 다른 책과는 달리 나를 움직이게 했다. 책에는 인간의 95퍼센트가 순행자의 삶을 살아간다고 쓰여 있다. 나머지 5퍼센트는 인간의 본성을 거스르는 능력을 가지고 있다고 한다. 이들을 역행자라고 부르며 이 능력으로 인생의 자유를 얻고 경제적 자유를 누린다고 한다. 역행자의 삶을 살기 위해서는 문해력을 키워야 하며 책을 읽는 것에 그치지 말고 실행으로 옮길 것을 강조했다. 실행으로 옮기는 가장 쉬운 방법이 바로 블로그였다. 바로 컴퓨터를 켜고 블로그를 시작했다. 답답하던 내 삶의 변화가 시작된 순간이다.

블로그는 장문의 글이 중심이 되는 플랫폼이다. 글을 올리기 위해서는 책을 많이 읽고 글을 많이 써야 했다. 처음에는 글을 올리는 것이 쉽지 않았다. 생각을 쥐어짜며 간신히 글을 썼다. 조금씩 글이 쌓이게 되면서 내 글을 읽어주는 이웃들이 늘어나기 시작했다. 이웃들과의 소통을 통해 시야가 넓어지기 시작했다. 블로그 이웃들은 지금까지 내가 알던 사람들과는 달랐다. 생각이 깊고 이타적인 사람들이었다. 답답하던 마음이 조금씩 풀리기 시작했다. 글감을 찾기 위해 노력하다 보니 지금까지 해보지 못했던 일을 경험할 수 있었다. 변화를 유지하기 위해서는 루틴이 필요했다. 꾸준히 하기 위해서도 루틴을 만들어야 했다. 새벽 루틴을 만들기를 시작으로 루틴의 역사가 시작됐다. 인생 제2막이 활짝 열렸다.

루틴을 시작하는 것은 생각보다 어렵지 않았다. 쉽게 할 수 있는 행동으로 시작했기 때문이다. 새벽에 일어나는 것으로 루틴의 시작을 알렸다. 새벽에 일어나는 것이 익숙해지자, 글쓰기를 시작했다. 곧이어 운동과 독서로 루틴이 이어졌다. 루틴을 꾸준히 실행한 덕분에 나태했던 내가 변했다. 내게 변화가 생기자, 주변 환경에도 변화가 일어났다. 내가 성장하는 만큼 블로그도 성장했다. 이웃이 100명도 안 되는 초라한 블로그에서 1만 3천 명의 이웃이 넘는 블로그로 성장했다. 성장한 것은 블로그뿐만이 아니다. 인스타그램과 X(구 트위터), 스레드도 함께 성장했다. 어느덧 3만 명이 넘는 팔로워를 갖게 됐다. 팔로워가 늘어난다는 것은 그만큼 온라인에서의 영향력이 커진다는 것을 의미한다. 온라인에서의 영향력은 오프라인 모임에도 영향을 미친다. 온라인에서 알게 된 다양한 사람들과의 소통을 통해 다양한 경험을 할 수 있었다. 자연스럽게 시야가 넓어지게 됐다. 넓어진 시야로 세상을 바라보게 되자 과거에는 보이지 않던 기회가 보였다. 지금까지 상상도 하지 못했던 일에 도전할 기회가 생겼다. 전자책을 쓰고 온라인 강의도 할 수 있었다. 종이책을 쓰고 작가가 되었다. 이 모든 것이 루틴을 반복함으로써 새로운 길을 발견한 덕분이다.

사람은 바뀌지 않는다고 한다. 이 말은 반은 맞고 반은 틀린 이야기다. 남을 바꿀 수는 없어도 자신은 바꿀 수 있다. 나이 50이 되도록 제대로 된 꿈도 없이 살아왔던 나였다. 꿈이 없다 보니 정해진 생활패턴이 없었다. 루틴을 만들 생각보다는 마음이 내키는 대로 살아왔다. 그런 내가 2년 만에 꾸준함의 아이콘이라고 불리고 있다. 작심삼일이 일상이었던 내가 블로그를 시작한 지 2년이 지났음에도 꾸준히 글을 쓰고 블로그를 운영하고 있다. 이런 나의 꾸준함을 배우겠다는 이웃들도 생겼다.

잘 설계된 루틴은 삶의 모든 것을 바꾼다. 루틴으로 당장 세상을 바꾸라는 것이 아니다. 당신을 스스로 바꾸라는 것이다. 당신이 바뀌면 세상도 바뀐다. 변하는 것이 불가능하다는 생각부터 버려야 한다. 루틴을 설계하고 반복할 수만 있다면 당신은 변한다. 루틴을 반복 실행하는 의지는 시간이 흐를수록 당신을 강하게 만든다. 꾸준함을 통해 나는 기적을 경험했다. 이제는 당신이 경험할 기적이다.

목차

추천사 4
프롤로그 6

1부 위기관리 루틴

1장 왜 루틴이 중요한가?

01 삶의 변화를 불러오는 루틴 23
02 루틴이 삶을 지탱하는 기둥이 된다 32
03 루틴의 장점 4가지 39
04 인생이라는 산을 정복하기 위한 최고의 루틴 46
05 성공은 반복된 루틴을 통해 만들어낼 수 있다 52

2장 루틴과 습관, 뭐가 다를까?

06 루틴과 습관의 차이점 58
07 루틴을 위협하는 나태함과 미루기 습관 67
08 루틴이 삶을 자동화하는 방식 73
09 나쁜 습관을 잡아주는 루틴 78

2부 루틴으로 시작한 변화들

1장 몸이 달라졌다 - 운동 루틴

01 작은 움직임이 만든 큰 변화 87
02 꾸준함이 가져온 체력과 정신력의 성장 96
03 운동은 강도가 아니라 빈도다 103

2장 글이 쌓였다 - 글쓰기 루틴

04 하루 한 줄이 만든 인생의 기회 110
05 글을 쓰며 얻은 인사이트와 성장 116
06 세상에 나를 알리는 글쓰기 122

3장 나를 알렸다 - 온라인 브랜딩 루틴

07 루틴이 브랜드가 되다 130
08 꾸준한 기록이 만든 새로운 기회 137
09 브랜딩은 나를 알리는 것에서 시작이다 147

4장 함께 성장하다 - 챌린지 루틴

10 다른 사람들의 성장을 돕는 챌린지 154
11 공동체 속에서 성장하는 법 162
12 성장을 위해서는 뿌리가 깊고 넓게 뻗어야 한다 171

3부 지속하는 루틴

1장 루틴을 끝까지 지키는 법

01 마법의 1분을 이겨내라 179
02 기상 시간이 일정해야 하는 이유 185
03 작심삼일을 넘어 꾸준함을 유지하는 전략 191
04 루틴 지속의 방해 요인 3가지 197
05 역경이 우리의 앞을 막아설 때 203
06 각자의 방법으로 209
07 작은 성공에도 보상을 잊지 마라 215

2장 루틴이 만들어준 인연과 배움

08 기회의 소중함 - 블로거 '엄마의 브랜딩' 222
09 꾸준함은 재능 - 블로거 '데미안' 227
10 인생의 스승 - 인플루언서 작가 '부아c' 233
11 생각보다는 실행 - 작가 박수용 '북크북크' 239
12 인생은 마라톤 - 블로거 '예스팝' 245

나다움의 루틴

1장 흔들리지 않는 루틴 만들기

01 건강 유지 루틴 253
02 수면 시간 확보 루틴 259
03 쉽고 간단한 루틴 설계 265
04 체크리스트를 만들어라 271

2장 성공하는 사람들의 루틴 법칙

05 루틴은 나다움을 찾는 것이다 277
06 루틴을 만드는 4단계 프로세스 283
07 스스로 운을 키우는 방법 287
08 성공한 사람들의 루틴에서 배우는 법 292
09 나만의 루틴을 최적화하는 방법 297

에필로그 303

1장

왜
루틴이
중요한가?

01

삶의 변화를 불러오는 루틴

당신의 삶을 극적으로 변화시키고자 10킬로미터 달리기를 할 필요도, 박사학위를 딸 필요도 없다. 자기 자신을 완전히 리셋하고 재발견하고자 몸부림칠 필요도 없다. 누군가 강력한 효과를 본 것을 자신에게 적용해 루틴을 만들고 성과로 이어질 수 있게 하는 꾸준한 노력이 결국엔 큰 것이 되기 때문이다.

— 팀 페리스

    세상을 살아가는 것을 삶이라 부른다. 우리는 태어나는 장소와 시간을 마음대로 선택할 수 없다. 대신 어떻게 살아야 할지는 선택할 수 있다. 그렇다면 어떻게 사는 것이 잘 사는 것일까? 생각보다 자신의 삶에 대해 만족하는 사람은 많지 않다.

누구나 인생에 아쉬운 부분이 있다. 남들이 보기에 엄청난 성공을 거둔 것처럼 보이는 사람도 모든 면에서 완벽하다고 생각하지는 않는다. 부족하게 느끼는 부분이 물질적인 것이라면 해결 방법은 간단하다. 돈과 노력이면 부족한 부분을 채울 수 있다. 문제는 정신적인 부족함이다. 이는 돈과 노력만으로 해결할 수 없다. 우리가 일상에서 답답함을 느끼는 것은 현재 상황에 만족하지 못하기 때문이다. 남들이 부러워할 만한 환경을 갖추는 데 성공했다고 할지라도 꿈을 이루지 못했다면 평생 후회를 남기게 된다.

 매일 같은 패턴을 반복하는 일상에서 우리는 답답함을 느낀다. 하고 싶은 일을 도전하기에는 현실의 장벽이 너무 높다고 생각한다. 큰 용기를 내야만 가능한 일이다. 지금까지 열심히 살아온 것에 만족하며 언젠가는 도전해 보고 싶다는 소망을 품고 하루를 보내고 있다. 고통스러운 시간을 참고 견디며 우리는 인생의 황혼을 향해 힘겹게 걸어가는 중이다. 생을 마감하는 순간에 과거를 후회해 봤자 소용이 없다. 지나간 시간은 다시 돌아오지 않기 때문이다. 벌써 답답함이 느껴지지 않는가? 꿈이라고 해서 항상 큰 것만을 의미하는 것은 아니다. 작은 일에도 우리는 행복을 느낄 수 있다. 성공도 크기가 절대적인 것은 아니다. 작은 성공을 거두더라도 큰 성공을 거둔 것만큼의 행복을 느끼는 경우도 많다. 중요한 것은 지금 하고 싶은 일을 하고 있느냐는 것이다. 아무리 성공을 거두더라도 내가 원하는 일을 하고 있는 것이 아니라면 만족감이 줄어든다. 남의 일을 하고 있다는 느낌이 든다. 일상에서 답답함을 느끼게 되는 것은, 내 꿈과는 다른 일을 하고 있다는 불만에서 비롯된다. 그렇다면 어떻게 해야 답답한 일상에서 벗어나 나다운 일을 할 수 있을까?

답답함에서 벗어나기 위해서는 변화를 시도해야 한다. 변화는 매일 반복된 행동에서부터 시작된다. 반복된 특정 행동을 통해 사람은 바뀐다. 글쓰기, 운동, 독서와 같은 행동이 몸에 익숙해지기 위해서는 많은 시간이 필요하다. 루틴은 내게 필요한 행동을 모아놓은 것이다. 루틴이 반복되면 습관으로 발전한다. 좋은 습관이 우리 몸에 달라붙게 하기 위해서는 먼저 루틴을 설계하고 이를 실행에 옮겨야 한다. 잘 설계된 루틴은 우리의 삶을 조금씩 긍정적으로 변화시킨다. 처음부터 대단한 일을 시도할 필요는 없다. 아주 작고 간단한 일을 반복 실행하는 것만으로도 나를 바꿀 수 있다. 성공 여부는 어떤 루틴을 설계하고 반복해서 실행하느냐에 달려 있다. 루틴을 성공하기 위해서는 할 수 있다는 마음을 가져야 한다. 할 수 있다는 마음은 자신감에서 비롯된다. 자신에 대한 신뢰가 부족하다면 아무리 좋은 생각이 있더라도 실행으로 옮길 수 없다. 자신을 신뢰하지 못하는 상황에서는 꾸준함을 이어갈 수 없다. 자신감이 부족하면 쉽게 포기를 생각한다. 이래서는 루틴의 효과를 볼 수 없다.

일본을 대표하는 현대 소설가로 불리는 무라카미 하루키는 루틴의 신봉자이다. 그는 루틴이 없다면 글을 쓸 수 없다고 말할 정도로 루틴을 믿고 있다. 그는 매일 새벽 4시에 일어나서 5~6시간을 글쓰기에 집중한다. 운동은 글쓰기와 함께 그가 사랑하는 루틴이다. 글을 쓰기에 바쁜 상황에서도 시간을 쪼개어 수영과 러닝을 거르지 않는 삶을 살고 있다. 그가 지치지 않고 꾸준한 집필이 가능한 것도 글쓰기 루틴과 운동 루틴이 습관화되었기 때문이다.

누구나 무라카미 하루키와 같은 좋은 습관을 지니고 싶어

한다. 좋은 습관을 지니기 위해 많은 사람들이 지금도 노력하고 있다. 나도 좋은 습관을 몸에 붙이기 위해서 지금까지 여러 가지 시도를 했다. 자기 계발과 관련된 책을 찾아서 읽었다. 유명한 강사의 강의를 찾아서 듣기도 했었다. 성공한 사람들의 노하우를 실행으로 옮기기 위해 계획표를 짜기도 했다. 안타깝게도 열정은 그리 오래가지 않았다. 책을 읽고 강의를 들었을 때만 해도 금방이라도 내 것이 될 것만 같았다. 하지만 돌아서는 순간 망각의 늪에 빠져버리고 말았다. 인간의 의지가 너무도 약하다는 것을 알게 된 것은 예상치 못한 상황에 부닥쳤을 때 어떻게 대처하는지를 보면 알 수 있다. 잘 풀리는 날은 큰 차이가 없다. 문제는 컨디션이 안 좋은 날이다. 컨디션이 안 좋은 날에는 일이고 뭐고 하기가 싫어진다. 의지가 기분에 좌우되어서는 안 된다. 기분에 휩쓸리지 않도록 중심을 잡아주는 것이 바로 루틴이다. 답답한 현실을 바꾸고 싶다면 먼저 제대로 된 루틴을 설계해야 한다.

 루틴을 설계하기 위한 준비는 어렵지 않다. 나를 바꾸겠다는 간절한 마음만 있으면 된다. 간절함은 실행력을 강화해 준다. 지금까지 실패를 거듭했던 이유는 간절함이 부족했기 때문이다. 답답한 환경을 바꾸고 싶다는 생각만 했을 뿐이다. 간절한 마음이 있었다면 책을 읽을 때도 좀 더 자세히 읽었을 것이다. 강의를 들을 때도 적극적으로 참여했을 것이다. 절실한 마음이 부족했기 때문에 책을 읽어도 금세 잊어버리고 강의를 들어도 현실에 반영하지 못했다. 간절한 마음을 갖는 데 성공했다면 그다음으로 필요한 것은 꾸준함이다. 아무리 좋은 생각과 간절함이 있더라도 꾸준함이 뒤를 받쳐주지 못한다면 만족할 만한 결과를 낼 수가 없다. 조금만 힘들어도 포기하게 된다. 이래서는 후회만 늘어날 뿐이다. 거듭되는 실패 속에서 자신감이 날이 갈수록 하락하게 된다. 루틴은 하루 이틀 반짝한다고 해서 효과를 볼 수 있는 것이 아니다. 지루한 시간을 버텨내야 한다. 그 기간이 한 달이 될 수도 있고 1년이 될 수도 있다. 조급하게 생각해서는 안 된다. 사람마다 효과를 느끼는 시기에는 차이가 있기 때문이다. 나보다 늦게 시작했어도 빠르게 성공하는 사람이 있을 수도 있다. 이것을 보고 흔들려서는 안 된다. 남보다 많이 늦는다고 실망해서는 안 된다. 아직 나의 시간은 오지 않았다고 생각해야 한다. 언젠가는 나의 시간이 온다. 그때가 온다면 효과를 복리로 누리게 된다. 참고 버텨야 한다.

지루한 인내의 시간을 견디지 못하고 중도에 포기하는 사람들은 '나에게는 맞지 않는 방법이야.', '내게는 재능이 없어.', '어차피 안 되는 일이야.'와 같은 말을 하곤 한다. 이들의 말이 맞을 수도 있다. 재능이 있었다면, 타고난 재력이 있었다면 남들보다 빠르게 효과를 볼 수 있었을지도 모른다. 하지만 타고난 재능만으로 모두가 성공하는 것은 아니다. 재산이 많다고 해서 무조건 성공하는 것도 아니다. 성공은 꾸준함을 지키는 것으로 이뤄내는 경우가 대부분이다. 성공을 이룬 이들은 자신만의 루틴을 가지고 있는 사람들이었다. 매일 실행이 가능한 루틴을 만들고 꾸준함을 지킨 결과 남들이 부러워하는 성공을 거둔 것이다. 그들은 잘 만든 루틴을 통해 자신의 의지 약속을 지켰다. 성공으로 가는 길을 활짝 열었다.

나에게 있어 변화의 시작은 새벽 루틴이었다. 블로그를 시작하고 포스팅을 올릴 때만 해도 루틴이 제대로 자리를 잡지 못했었다. 제대로 된 루틴이 없다 보니 일어나는 시간이 불규칙했다. 늦잠을 자기도 하고 밤늦게까지 깨어 있을 때도 많았다. 일어나는 시간이 일정하지 않은 탓에 글을 쓰는 시간도 제멋대로였다. 새벽 글쓰기의 재미를 깨닫고 글을 쓰는 시간을 새벽으로 고정하면서 루틴이 제대로 돌아가기 시작했다. 변화가 느껴지기 시작했다. 하루를 상쾌한 기분으로 시작할 수 있게 되었다. 이제는 어떤 일이 있더라도 새벽 루틴만큼은 지키려고 노력하고 있다. 내 하루는 새벽 4시부터 시작된다. 전날 어떤 일이 있었더라도 4시에는 무조건 일어나려고 노력한다. 평일과 주말의 차이도 없다. 이처럼 루틴이 자리를 잡게 되면 하루가 일정한 패턴으로 돌아간다. 꾸준함을 유지하면, 시간이 지날수록 루틴의 효과가 커지는 것이 느껴진다. 한 개의 루틴이 자리를 잡게 되면 다른 루틴으로 확장이 가능하다. 새벽 루틴이 자리를 잡으면서 오후 루틴이 자리를 잡았다. 루틴이 확장될수록 자신감도 커진다. 평소에 불가능하다고 생각하던 일에 대해 도전하고 싶은 마음이 자란다.

〈역행자〉의 저자 자청은 세상의 모든 사람에게 성공하는 방법을 알려줘도 이 중에 2%도 실행으로 옮기지 않는다고 말했다. 실행으로 옮긴 2% 가운데에서도 꾸준함을 이어가는 것은 극소수가 될 것이라는 말도 덧붙였다. 이처럼 실행으로 옮기고 이를 꾸준히 하는 것은 쉬운 일이 아니다. 사람의 의지를 지나치게 믿어서는 안 된다. 강할 때는 한없이 강하지만 약할 때는 언제 그랬냐는 듯이 모든 것을 포기해 버리는 것이 사람의 의지이기 때문이다. 루틴은 의지가 약해질 때를 대비한 보험과 같은 역할도 수행한다.

당신은 얼마든지 현재 답답한 일상을 바꿀 수 있다. 일상이 답답하게 느껴진다면 먼저 행동해야 한다. 아주 간단한 것이라도 좋다. 행동으로 옮기면 생각도 저절로 따라간다. 처음부터 에너지를 많이 소모하는 대단한 일을 시도하는 것보다는 쉽게 실행할 수 있는 간단한 일부터 시작해야 한다. 그래야 꾸준함을 이어갈 수 있다. 루틴을 설계하고 이를 반복 수행함으로써 당신의 자신감이 커진다. 가득 채워진 자신감은 행동력을 강화한다. 루틴이 자리를 잡으면 더 많은 것을 하고 싶은 마음이 생긴다. 잊었던 꿈을 찾는다. 미래에 대한 기대와 설렘이 생긴다.

02
루틴이 삶을 지탱하는 기둥이 된다

위기와 재난이 닥쳤을 때 그걸 낭비하지 마라. 문제가 없다면 진전도 없다.

- 케빈 켈리

 위기는 두 가지 얼굴을 가지고 있다. 위기는 나를 절망으로 빠뜨릴 수 있지만 새로운 가능성을 발견할 기회이기도 하다. 어려운 상황에 부닥쳤다고 절망해서는 안 된다. 침착하게 해결 방법을 찾아야 한다. 현재의 위기를 기회로 만들 수 있다니 이 얼마나 다행한 일인가? 사람은 위기를 맞이하게 되면 본능적으로 두려움을 느낀다. 이대로 망하면 어쩌나 하는 불안과 두려움이다. 최악의 상황을 상상하는 경우도 많다. 불안한 마음은 상황을 갈수록 악화시킨다. 이럴 때 위기를 기회로 받아들인다면 상황을 반전시킬 수 있다. 더 이상 두려움에 시달릴 필요가 없다.

　내가 블로그를 시작하게 된 것은 인생의 큰 위기를 겪었기 때문이다. 지금까지 이토록 큰 위기를 맞이한 적은 없었다. 직장을 다닐 때도, 회사를 운영할 때도 무난하게 위기를 넘겼다. 지금까지는 내 능력이 뛰어난 줄 알고 있었다. 실력이 아니라 운이 좋았을 뿐이라는 것을 이제야 알게 됐다. 제대로 된 위기를 경험해 보지 못했던 탓일까? 줄줄이 터지는 문제들이 내 머리를 복잡하게 만들었다. 의지력이 조금씩 무너져 내렸다. 시작은 거래처의 배신이었다. 예정되어 있던 프로젝트가 줄줄이 취소되었다. 코로나의 위기도 슬기롭게 넘겼던 나였다. 그런 내가 어느 순간부터 불안과 두려움으로 떨기 시작했다. 이번만큼은 쉽지 않겠다는 불길한 예감이 들었다. 예감은 현실로 이어졌다. 줄줄이 이어지는 위기는 생각지도 못한 어려움에 부닥치게 했다. 돈 몇 푼에 등을 돌리는 사람들도 나타났다. 회사의 자본금은 갈수록 줄어들고 빚만 늘어났다. 연이어 터져 나오는 악재에 정신을 차릴 수 없었다.

정신없이 무너지던 내 마음을 붙잡아 준 것은 루틴이었다. 답답한 마음을 풀 곳이 없어서 블로그를 시작했다. 답답한 마음을 글로 쏟아내다 보니 조금이나마 편안함이 느껴졌다. 힘든 상황에서 이웃들의 응원은 큰 힘이 됐다. 답답한 현실에서 벗어날 수 있는 길을 발견했다. 그것이 바로 루틴이다. 이웃 중에는 루틴을 통해 자신의 길을 걸어가고 있는 블로거들이 있었다. 몇만 명의 이웃을 가진 대형 블로거들이다. 그들은 내게 루틴을 만드는 법에 대해 친절하게 알려줬다. 글쓰기, 독서 등을 꾸준히 할 수 있는 방법도 배웠다. 그들에게 배운 것을 실행으로 옮기는 과정에서 루틴의 효과를 경험했다. 루틴이 효과를 보려면 꾸준해야 함을 알려준 것도 그들이다. 아무리 좋은 아이디어가 있어도 꾸준히 하지 못하면 효과는 금세 떨어지고 만다. 꾸준히 해야 효과가 유지된다.

남을 돕는 것이 진정한 행복으로 가는 방법이란 것도 배웠다. 이타적인 마음은 지금까지 이기적으로 살아왔던 나에게 잔잔한 충격으로 다가왔다. 꾸준함과 이타성은 나를 바꿔놓은 핵심 요소다. 바닥으로 가라앉던 내 삶이 크게 들썩이기 시작했다. 지금까지는 내가 남을 도울 수 있다고 생각하지 못했다. 치열한 경쟁 사회에서 남을 생각하는 것은 사치라는 생각으로 살아왔었다. 그들은 내게 남을 돕는 것이 어렵지 않다는 것을 알려줬다. 남을 생각하는 마음으로 글을 쓰게 되자 사람들도 나를 인정하기 시작했다.

영국의 소설가 J.K. 롤링은 글쓰기를 통해 본인을 둘러싸고 있던 위기를 기회로 바꿨다. 그녀의 대표작은 최고의 판타지 소설로 불리는 해리포터 시리즈이다. 해리포터를 쓰기 전의 그녀는 이혼, 실직 등으로 극도의 우울증에 빠져 있었다. 그녀는 아이들에게 들려줄 수 있는 판타지 소설을 구상했다. 정부 보조금으로 간신히 생활을 이어가며 매일 같은 시간에 카페에서 글을 썼다. 어려운 상황에서도 글쓰기 루틴을 지킨 것이다. 글쓰기 루틴은 그녀의 인생을 완전히 바꿨다. 힘들고 괴로운 상황에서도 포기하지 않도록 그녀를 잡아준 것은 루틴이었다. 책을 쓴 이후에도 당장 어려움이 해결된 것은 아니다. 원고를 들고 출판사를 돌아다니며 수없이 많은 거절을 경험했다. 하지만 그녀는 포기하지 않았다. 힘든 상황에서도 루틴을 지키며 글을 썼다. 원고를 들고 다니며 수많은 출판사의 문을 두드렸다. 결국 그녀의 노력은 빛을 발했다. 해리포터는 최고의 판타지 소설이 되었고 그녀는 어마어마한 부를 손에 쥐었다.

J.K. 롤링이 루틴을 이용해서 위기를 기회로 바꾼 것처럼 나 역시 위기 속에서 기회를 발견했다. 홀로 감당하기 힘든 어려움이 밀어닥치지 않았다면, 새벽의 그 난리를 겪지 않았다면 블로그를 시작하지 않았을지도 모른다. 글은커녕 책도 제대로 읽지 않았을 것이다. 나를 응원해 주는 이웃들을 만나지 못했을 것이다. 소름이 돋는 일이다. 블로그를 시작하지 않았다면, 글쓰기를 꾸준히 하지 않았다면 여전히 답답한 환경 속에서 간신히 숨만 쉬고 있었을 것이다. 루틴의 힘을 깨달은 덕분에 난 변했다. 루틴의 필요성을 알고 내게 맞는 루틴을 설계했다. 시행착오를 거쳐 가며 만든 루틴은 내가 어려울 때마다 마음을 잡아줬다. 이웃들은 내 꾸준함을 보고 신뢰를 갖게 됐다.

변화는 외부에서만 이뤄진 것이 아니다. 내면도 크게 변했다. 루틴의 반복을 통해 잊고 지냈던 자신에 대해 알게 됐다. 루틴을 설계하고 실행하지 않았다면 내가 누군지 모르는 상태로 헛되이 나이만 먹었을 것이 분명하다. 지난 40년의 세월 동안 그랬듯이 미래에 대한 꿈과 희망이 없는 채로 헛되이 나이만 흘려보냈다. 다행히도 글쓰기 루틴, 독서 루틴, 운동 루틴이 나를 긍정적인 사람으로 만들었다.

글을 쓰면 작가가 될 수 있다는 것을 알게 됐다. 전자책을 쓰고 작가가 되었다. 내가 쓴 글을 소재로 삼아 강의를 시작했다. 일과가 끝나면 지인들과 어울려 술을 마시기에 바빴던 내가 달라졌다. 루틴을 통해 과거보다 현재를 즐기고 미래를 꿈꾸는 삶을 살게 됐다. 꿈을 이루기 위해 계획을 세우고 실행으로 옮겼다. 지금까지는 남들이 원하는 모습으로 살았다. 남을 의식하는 삶은 답답함의 연속일 수밖에 없다. 꿈이 없는 인생은 후회만을 남길 뿐이다. 지금까지 꿈이 없다면 먼저 루틴을 설계하라. 루틴을 설계하고 실행하면 꿈을 찾을 수 있다. 루틴을 통해 자연스럽게 좋아하는 일을 찾게 된다. 자신이 진정으로 바라는 것이 무엇인지 깨닫는다. 루틴은 나를 잡아주는 버팀목이 됐다. 힘든 일이 있으면 글을 썼다. 답답하면 운동으로 땀을 흘렸다. 인간관계에서 힘든 일을 겪게 되면 글로 마음을 달랬다. 힘들고 괴로운 일은 모두 글감이라는 생각을 갖게 되면서부터 마음이 편해졌다. 이제는 힘든 상황을 겪어도 술을 찾지 않는다. 예전 같으면 술을 마시고 있을 시간에 글을 쓰는 자신을 발견한다. 서운한 일을 겪었을 때도 마찬가지다. 상대에서 서운한 말을 할 시간에 글을 쓰면 실수를 크게 줄인다.

　루틴에는 글쓰기만 있는 것이 아니다. 반드시 글쓰기를 해야 하는 것도 아니다. 블로그를 꼭 해야 하는 것도 아니다. 당신에게 필요한 것은 자신에게 도움이 되는 루틴을 찾는 것이다. 간단히 실행할 수 있는 일이면 더욱 좋다. 간단한 행동 중에는 필사가 있다. 필사란 책을 읽을 때 기억에 남는 부분을 글로 써서 옮기는 것이다. 필사하기 위해서는 읽을 책 한 권과 종이 한 장이면 충분하다. 직접 손으로 쓰는 글을 마음에 안정을 준다. 필사 루틴을 만들어 놓는다면 마음의 평안을 찾는 데 도움이 된다. 필사하기가 어렵다면 힘이 되는 문구가 담긴 책을 읽는 것도 좋다. 여기서 명심해야 할 것은 빠르게 실행할 수 있는 것을 먼저 루틴에 넣어야 한다는 것이다. 잘 설계된 루틴은 여러분이 힘든 상황에서 버틸 힘을 준다. 반복된 행동을 통해 자신감을 회복한다. 잘 설계된 루틴은 무너지는 마음을 잡아준다. 남의 시선을 의식해서 원하지 않는 일을 하지 않아도 된다. 내면의 자유를 느낌과 동시에 당신의 자유로운 인생이 시작된다.

03

루틴의 장점 4가지

탁월함은 훈련과 습관이 만들어낸 작품이다.

– 아리스토텔레스

잘 설계된 루틴이 있다면 살아가는 데 두고두고 도움이 된다. 반복된 행동은 우리에게 자신감을 안겨준다. 과거의 나는 끈기는 있어도 꾸준함이 부족했다. 결과가 두려운 나머지 생각을 행동으로 쉽게 옮기지 못했다. 제대로 진행하지 못하고 중간에 포기하는 일도 잦았다. 이런 나를 변화시킨 것은 새벽 루틴이다. 새벽에 일어나서 글을 쓰는 것만으로도 자신감이 차오르는 것을 느낀다. 반복된 행동 덕분에 하루를 상쾌한 마음으로 시작한다.

나에게 하루의 시작은 새벽 4시다. 다소 이르다고 생각하는가? 처음에는 적응이 쉽지 않았다. 반복으로 몸에 익숙하게 만들었다. 새벽 루틴의 시작은 간단한 행동의 반복이다. 이부자리를 개고 기지개를 켠다. 찬물로 세수하고 물 한 컵을 마신다. 이 모든 행동은 10분을 넘지 않는다. 이쯤 되면 글을 쓸 마음의 준비가 갖춰진다. 글을 쓰고 나면 운동을 나갈 시간이다. 매일 새벽 반복된 루틴을 실행하는 것으로 새로운 하루를 맞이할 마음의 각오를 다진다. 이런 작은 행동의 반복이 어떤 힘을 가졌는지 궁금하지 않은가? 불과 2년 전에는 루틴의 중요성을 느끼지 못했었다. 그런 내가 루틴의 중요성에 대해 입이 아프도록 말하고 있다. 좋은 것은 나눌수록 더 좋아진다고 했다. 루틴은 좋은 것이다. 많은 사람들에게 내가 깨달은 루틴의 효과를 알리고 싶다.

루틴의 첫 번째 효과는 시간 절약이다. 매일 반복되는 행동에 강한 힘이 있다는 것을 믿지 못하는 것도 당연하다. 나도 과거에는 루틴에 대한 믿음이 강하지 않았다. 루틴을 실행하는 것만으로 삶이 바뀔 것이라고 믿지 않았다. 오히려 시간 낭비라고 생각했다. 바쁜 와중에 매일 시간을 정해서 반복해야 하는 것이 부담으로 다가왔다. 하지만 이제는 말할 수 있다. 루틴에 시간을 투자하는 것은 결코 시간 낭비가 아니다. 처음에는 다소 시간이 걸리겠지만 익숙해지면 상황이 달라진다. 몸에 적응할 때까지만 버티면 된다. 익숙해지면 시간을 효율적으로 사용할 수 있다. 루틴을 시작할 때 간단한 행동부터 하라는 것은 적응 시간을 줄이기 위해서다.

그렇다면 어떤 방법으로 시간 낭비를 줄일 수 있을까? 독서와 글쓰기의 예를 들어 보겠다. 독서는 많은 시간이 필요하지 않다. 하루에 10분 정도만 꾸준히 해도 효과를 본다. 하루에 10분 정도는 누구나 시간을 낼 수 있다. 여유시간이 10분도 없다는 사람은 아예 시작할 생각이 없는 사람이다. 정 시간이 없다면 출퇴근 시간을 이용하면 된다. 나도 독서할 시간이 부족하기 때문에 출퇴근 시간을 독서 시간으로 이용하고 있다. 일반 사람 기준으로 10분이면 10페이지를 읽을 수 있는 시간이다. 익숙해지면 읽을 수 있는 양이 늘어난다. 절대 작은 시간이 아니다. 10분 안에 한 개의 문구만이라도 내 것으로 만든다는 생각으로 집중하면 생각보다 많은 것을 얻는다. 멍한 상태에서 30분을 읽는 것보다 집중한 상태에서 10분을 읽는 것이 훨씬 효과적이다.

　글쓰기도 다르지 않다. 글을 쓸 때는 모든 생각을 집중해야 한다. 잡생각이 가득한 상태에서는 글을 제대로 쓸 수 없다. 나중에 읽어도 내가 무슨 말을 하려던 것인지 혼란스럽다. 제대로 집중한 상태에서 쓴 글은 나중에 읽어도 당시의 느낌이 생생하게 다가온다. 매일 새벽 루틴을 거르지 않는 것도 해당 시간의 효과를 믿기 때문이다. 새벽 시간은 오롯이 나만의 시간이다. 글쓰기의 집중력을 최대로 유지할 수 있는 시간이기도 하다. 새벽 글쓰기에 익숙해지면 다른 시간에도 집중이 가능해진다. 블로그는 글쓰기 연습에 좋은 공간이다. 남에게 내 생각이 담긴 글을 보이는 것이 처음에는 쉽지 않았다. 눈을 딱 감고 발행 버튼을 누를 때도 있었다. 글을 올리는 것에 대한 두려움과 부담을 던 이후로 다양한 장르의 글을 시험할 수 있었다. 글 쓰는 속도를 빠르게 하려고 15분 글쓰기를 반복 연습했다. 연습의 성과는 새벽 시간에 더욱 크게 나타났다. 이제 새벽에는 빠르면 10분, 늦어도 20분 안에 1,000자 내외의 글을 쓸 수 있을 정도로 적응에 성공했다.

루틴의 두 번째 효과는 집중력 극대화이다. 반복된 행동은 집중력을 강하게 만든다. 새벽에는 집중력이 평소보다 배가 된다. 이처럼 루틴의 효과를 높이기 위해서는 시간과 장소를 나에게 유리하게 설정하는 것이 필요하다. 새벽 루틴이 자리 잡은 이후로 새벽만 되면 몸이 저절로 반응한다. 출퇴근 시간을 이용해서 책을 읽는 루틴을 반복 실행했더니 이제는 전철을 타기만 해도 자연스럽게 책으로 손이 가는 자신을 발견한다. 루틴이 몸에 익숙해지면 이처럼 특정한 상황이 되면 몸이 움직인다. 평일과 주말의 구분도 사라진다. 새벽에 눈을 뜨면 글을 쓰고 전철을 타면 책을 꺼내 드는 것도 루틴이 몸에 익숙해진 덕분이다. 루틴이 몸에 자리 잡게 되면 집중력도 평소보다 높아지는 것을 느낀다.

루틴의 세 번째 효과는 마인드 리셋이다. 루틴이 몸에 익숙해지면 머리가 복잡한 상황에서도 루틴이 발동되면 머리가 상쾌해진다. 특히 새벽 루틴을 실행하고 나면 생각이 깔끔하게 정리된다. 전날 안 좋은 일이 있었다고 해도 루틴을 수행하고 나면 새로운 기분으로 하루를 시작한다. 루틴이 실행하지 않던 시절에는 전날 안 좋았던 기분이 다음 날에도 이어졌다. 정상 컨디션을 찾는 데 상당한 시간이 필요했다. 이제는 그렇지 않다. 매일 아침 루틴으로 몸과 마음을 가볍게 만든다. 루틴을 끝내면 자신감이 생긴다. 이 사이에 전날의 안 좋은 기억은 머릿속에서 깨끗하게 사라진다. 좋은 기억은 루틴 실행 중에 복기된다. 복기된 기억은 오래 남는다. 이렇듯 루틴을 실행하면 좋은 기억은 오래간다. 반대로 나쁜 기억은 금세 사라진다.

루틴의 네 번째 효과는 의지력 강화다. 반복된 행동은 자신감을 강화해 준다. 자신감은 긍정적인 마음을 불러온다. 긍정적인 마음은 의지력을 단단히 만든다. 아무리 힘든 일이 있더라도 기본 루틴을 실행하는 것으로 멘탈이 단단해지는 효과를 누릴 수 있다. 루틴의 효과를 느끼게 되면 아무리 어려운 상황에 처해있다고 해도 자신감을 유지할 수 있다. 루틴을 발동시키면 긍정적인 마음을 유지할 수 있기 때문이다. 긍정적인 마인드를 유지할 수 있다면 어떤 어려운 일이라도 결국에는 해낼 수 있다.

지금까지 루틴의 4가지 효과에 대해 알아봤다. 루틴은 많은 장점을 가지고 있다. 이렇게 좋은 루틴을 활용하지 않는다는 것은 삶에서 큰 손해를 보는 것이다. 루틴이 있는 사람과 없는 사람의 차이는 갈수록 벌어진다. 루틴은 자신감과 자존감을 높여준다. 생각을 정리해 준 덕분에 갑자기 떠오른 아이디어도 잊지 않고 활용할 수 있다. 루틴은 반드시 실행해야 효과를 볼 수 있다. 작가의 꿈을 꾸고 있는 사람이라면 매일 글을 쓰는 루틴을 반복해야 한다. 운동으로 몸을 건강하게 만들고 싶다면 운동 루틴을 실행해야 한다. 성적을 높이고 싶다면 매일 공부하는 루틴을 지켜야 한다. 나에게 맞는 루틴을 설계해야 한다. 설계한 루틴은 반드시 행동으로 옮겨야 한다. 실행을 통해 우리는 성장한다. 과거보다는 현재에 충실한 삶을 살게 된다. 과거에 어떤 삶을 살았는지는 중요하지 않다. 루틴을 통해 자신감을 키우게 되면 현재와 미래에 대한 희망을 갖는다.

04
인생이라는 산을 정복하기 위한 최고의 루틴

산을 오르고 싶다면 남을 떠밀어서도 안 되고, 자기 능력보다 무리해서도 안 된다. 정상을 바라보며 한눈팔지 말고 묵묵히 걸음을 옮겨야 한다. 너무나 평범한 방법이지만 이것이 산을 무사히 정복하는 최고의 방법이다.

- 쇼펜하우어

산을 오를 때 주의 사항은 항상 앞을 보며 걸어야 한다. 잠시라도 한눈을 팔다가는 발을 헛딛는다. 남과의 대화에 신경이 팔렸다가는 길을 잘못 든다. 정상에 오르기 전까지는 경계를 늦추지 말아야 한다. 앞을 똑바로 보고 한 걸음씩 옮겨야 한다. 단숨에 오를 수 있는 산은 없다. 한 걸음씩 앞으로 나아가다 보면 어느새 정상이 눈앞에 보인다.

인생도 마찬가지다. 목표를 세웠다면 앞만 보고 달려야 한다. 남을 의식하거나 남의 시선을 지나치게 신경 쓰다 보면 발걸음이 더뎌진다. 목표에 집중하지 못하면 원하는 방향으로 나아갈 수 없다. 앞서가는 사람들을 무리하게 쫓다 보면 에너지가 방전되어 번아웃이 온다. 등산과 마찬가지로 인생도 자신의 페이스를 유지해야 한다. 지나치게 서둘러서도 느긋해서도 안 된다. 나에게 맞는 최적의 속도로 꾸준히 나아가야 한다.

미국의 수영선수 마이클 펠프스는 올림픽 역사상 가장 많은 금메달을 딴 수영선수이다. 2001년 세계 수영 선수권 대회 남자 200m 접영 금메달로 그의 화려한 선수 생활이 시작됐다. 그는 올림픽에서만 23개의 금메달을 획득했다. 수영뿐만이 아니라 올림픽 전 종목에서 역사상 가장 많은 금메달을 획득한 선수이다. 4관왕을 4번이나 달성한 선수이기도 하다. 한 대회에서 8개의 금메달을 석권하고 두 대회 연속 8개의 메달을 획득한 전설과도 같은 선수이다. 하지만 그에게도 어려운 시절이 있었다. 그에게 있어서 훈련 루틴은 단순한 훈련용 스케줄이 아니었다. 우울증을 극복할 수 있게 만들어준 삶의 기둥이었다. 그는 일주일에 6일 훈련, 하루에 최소 2회 수영 훈련 스케줄을 거르지 않았다. 수영은 단 하루도 쉬지 않았다. 심지어 크리스마스에도 훈련을 거르지 않을 정도였다. 매주 80km 이상을 훈련했다고 한다. 꾸준한 루틴은 그의 몸을 강화했을 뿐만 아니라 심리적인 안정감을 가져왔다. 올림픽에서 좋은 결과를 내는 것은 당연한 일이었다.

펠프스의 예에서 보듯이 아무리 뛰어난 신체 스펙의 소유자라고 해도 연습을 꾸준하게 하지 않았다면 그저 그런 선수로 남을 수도 있었다. 이렇듯 어떤 루틴을 만들고 지키느냐에 따라서 인생의 성적표가 정해진다. 루틴의 중요성을 알게 된 이후로는 평일과 주말의 구분을 두지 않는다. 기본 루틴은 하루도 거르지 않고 반복하고 있다. 처음에는 주말과 평일을 동일하게 보내는 것이 쉽지 않았다. 아무래도 주말에는 쉬고 싶은 마음이 강했기 때문이다. 자신의 마음을 너무 믿어서는 안 된다. 잠시라도 틈을 주면 나태함이 머리를 둘러싸기 쉽다. 이를 방지하기 위해서라도 기본적인 루틴을 설계해야 한다. 주말에 최소한의 루틴을 반복하는 이유가 여기에 있다. 그렇다고 해서 평일과 주말을 모두 동일하게 보내라는 의미는 아니다. 그랬다가는 금세 지쳐 쓰러지고 만다. 주말에는 페이스를 크게 떨어뜨리지 않을 만큼의 기본적인 루틴을 실행하는 것만으로도 충분하다. 너무 무리해서는 안 된다. 여유를 챙겨야 한다. 인생은 단거리 달리기가 아니다. 오버 페이스는 오래가지 못하고 탈이 난다.

중요한 것은 몸의 상태를 유지하는 것이다. 아무리 의지가 강하다고 해도 몸에 무리가 오면 루틴을 지키기 어렵다. 몸이 아파서 쓰러지면 아무리 루틴을 정교하게 설정해 놓았다고 해도 실행할 수 없다. 인생이라는 산은 동네 야산처럼 단숨에 오를 수 있는 것이 아니다. 길게 봐야 문제없이 오래 유지할 수 있다. 의욕에 타올라서 무리를 해서는 오래 유지할 수 없다. 열정에 불타는 사람들이 흔히 저지르는 실수다. 의욕이 넘친 나머지 무리하게 일정을 설정하고 몸을 무리하게 다그치다가 오히려 일을 망친다. 블로그를 함께 시작한 이웃 중에도 열정이 넘치는 사람들이 많았다. 2년이 지난 지금 남아 있는 사람은 많지 않다. 그들이 잘못 했기 때문은 아니다. 오히려 열심히 하는 바람에 지쳐버린 것이다. 마음이 간절할수록 속도 조절이 필요하다.

내가 새벽 루틴을 꾸준하게 유지할 수 있는 것도 무리하지 않은 덕분이다. 새벽 루틴을 꾸준히 실행하려면 밤에 일찍 자야 한다. 술 모임은 가능한 피해야 한다. 모임에 참석했을 때는 너무 늦게까지 있지 않으려고 노력했다. 체력에 문제가 생기면 기껏 만들어 놓은 루틴이 무너질 수 있기 때문이다. 꾸준함을 위해서 가장 필요한 것은 수면 시간의 확보다. 여행 중에도 잠자는 시간을 지키려고 노력했다. 여행이라고 예외를 두어서는 안 된다. 여행 중에도 새벽 루틴만은 지키기 위해 노력했다. 다른 루틴은 상황에 따라서 적절히 조절했다. 이러한 노력 덕분에 지금까지 큰 문제가 생기지 않았다.

루틴의 반복은 우리를 정상으로 이끌 수 있음을 알아야 한다. 루틴이 없던 시절에는 아침을 헛되이 보내는 경우가 많았다. 새벽 루틴을 만든 이후로는 아침 시간에 많은 것을 할 수 있다. 말만 들어서는 공감이 어려울 수 있다. 의심하는 마음이 들 수도 있다. 직접 해봐야 한다. 그것도 꾸준히 해야 한다. 루틴의 효과는 바로 나타나지 않기 때문이다. 루틴의 효과를 경험하기 위해서는 지루한 기간을 견뎌야 한다. 확실하게 말할 수 있는 것은 지루한 구간이 길고 힘들수록 루틴의 효과가 커진다는 점이다. 루틴에 익숙해질수록, 습관이 몸에 달라붙을수록, 당신의 삶은 당신이 원하는 방향으로 흘러간다.

05
성공은 반복된 루틴을 통해 만들어낼 수 있다

특별함은 평범한 하루하루를 쌓아 올려서 만든 것이다. 그것은 결과의 특별함이 아닌 과정의 특별함에 가깝다.

– 주언규

사람은 누구나 꿈을 가지고 있다. 꿈을 이루기 위해서는 많은 노력과 시간이 필요하다. 아무리 간단한 꿈이라도 한 번에 성공하는 경우는 거의 없다. 노력이 쌓여야 꿈은 현실이 된다. 로또의 예를 들어 보겠다. 로또 1등이 되기 위해서는 먼저 로또를 사야 한다. 로또를 사지 않고 로또 1등이 되는 것은 불가능한 일이다. 로또를 사야 확률이 생긴다. 희박한 확률이라고 해도 가능성이 생긴다. 로또를 사지 않았다면 가능성은 아예

제로다. 우리가 꾸는 꿈도 생각만 해서는 현실이 되지 않는다. 가능한 한 빨리 행동으로 옮겨야 한다.

2002년 한일월드컵에서 대한민국 축구 국가대표팀이 이뤄 냈던 4강 신화를 기억하는가? 월드컵 4강이라는 대단한 성과를 이뤄내기까지 수많은 사람들의 노력이 있었다. 거스 히딩크 감독을 비롯한 스태프들의 노력과 축구협회의 전폭적인 지원뿐만 아니라 하나가 된 국민의 응원이 큰 힘이 됐다. 하지만 경기는 선수들이 하는 것이다. 경기를 뛰었던 선수들의 뼈를 깎는 노력이 없었다면 4강 신화는 없었을 것이다. 모든 선수가 자기 몫을 해냈다. 그중에서도 눈에 띄는 선수 한 명이 있었다. 국가대표팀의 심장이라 불렸던 박지성 선수다. 그는 신체적인 조건이 다른 선수들에 비해 나을 것이 없었다. 오히려 불리한 점이 많았다. 그는 불리한 조건을 철저한 루틴과 자기 관리로 극복하는 데 성공했다. 월드컵 4강 신화를 이룬 이후, 그는 유럽의 프로 축구 명문 팀인 맨체스터 유나이티드의 핵심 선수로 활약했다. 두 개의 심장이라는 별명이 있을 정도로 그는 그라운드에서 지치지 않고 끝까지 뛰는 선수로 알려졌다. 그는 훈련장에 가장 먼저 오고 제일 늦게 나가는 선수로도 유명했다. 고강도 유산소 훈련과 웨이트 트레이닝, 그리고 식단 관리를 통해 그는 엄청난 체력을 만들어냈다. 훈련 루틴, 체력 루틴, 식단 루틴을 통해 평범함을 스페셜하게 바꿨다.

내가 변하게 된 것도 루틴을 설계하고 실행한 덕분이다. 루틴을 반복하기 전까지는 평범한 사람에 불과했다. 답답한 일상에 갇혀 있었다. 꿈을 이루기 위해 노력하는 시간보다 멍하니 흘려보내는 시간이 더 많았다. 루틴을 만들 때만 해도 뭔가 대단한 변화를 기대한 것은 아니었다. 루틴을 시작한 지 100일이 넘어가는 상황에서도 답답함은 여전했다. 다행스러운 것은 여기서 멈추지 않았다는 점이다. 글을 쓰기 시작할 때만 해도 작가의 꿈을 꾸지 않았다. '기왕에 글을 쓰기 시작했으니, 나중에 내 이름으로 된 책을 내도 좋겠다'라는 작은 기대가 있었을 뿐이다. 꾸준히 글을 쓰다 보니 글에 흥미가 생기기 시작했다. 글에 즐거움을 느끼게 되자 조금씩 욕심이 생기기 시작했다. 글쓰기 루틴에 더 많은 시간을 할애했다.

글쓰기의 좋은 점은 글을 쓸수록 부정적인 생각이 밀려난다는 점이다. 부정적인 생각이 밀려 나간 자리는 긍정적인 생각으로 채웠다. 단순히 글만 긍정적으로 된 것은 아니다. 긍정적인 내용의 글을 쓰다 보니 생각도 긍정적으로 변했다. 사람과 사물을 볼 때도 긍정적인 시각으로 볼 수 있게 되었다. 내가 변하니 주변 환경도 긍정적으로 변했다. 과거의 부정적인 인연들은 내 주위에서 떠나가기 시작했다. 그들이 떠나간 빈자리는 크게 느껴지지 않았다. 새로운 사람들이 금세 자리를 메웠기 때문이다.

새로운 인연들은 독서와 글쓰기를 즐기는 사람들이다. 술이 없어도 몇 시간 동안 수다를 떨 수 있는 사람들이다. 그들과의 교류를 통해 내 삶에도 변화가 시작됐다. 그들은 항상 내게 인사이트를 전해주는 고마운 사람들이다. 그들의 도움 덕분에 전자책을 쓰고 온라인 강의를 할 수 있었다. 종이책을 쓰기로 마음을 먹은 것도 그들의 권유 덕분이었다. 아직 때가 아니라며 망설이던 내게 당장 시작하라고 말해준 것이 그들이다. 그들은 내가 초고를 쓰고 투고를 하고 계약할 때도 항상 곁에서 응원해 줬다. 응원의 힘이 대단하다는 것을 깨달았다. 응원의 힘을 실감했기에 나도 주변에 도움이 필요한 사람들이 눈에 띄면 응원을 아끼지 않는다.

루틴을 시작했다고 해서 당장 변화가 일어나지는 않는다. 루틴의 효과를 느끼려면 꾸준히 해야 한다. 100일을 반복해서 효과를 보지 못했다면 추가로 100일을 해야 한다. 추가 100일을 했는데도 길이 보이지 않는다면 추가로 100일을 더 해야 한다. 300일이면 거의 1년이다. 어떤 일이건 최소한 1년은 해봐야 한다. 1년이라는 기간은 당신이 원하는 길을 찾기에 충분한 시간이다. 남들이 보기에 별것이 아닌 것으로 보일 수도 있다. 그렇다고 해서 좌절하거나 낙심할 필요는 없다. 우리는 남의 인생을 사는 것이 아니다. 남에게 잘 보이기 위한 삶은 불행한 삶이다. 남들이 뭐라고 하더라도 내 길을 걸어가야 한다. 내가 행복하다면 그것만으로도 멋진 삶을 사는 것이다. 세상에는 가진 것이 많아도 불행을 느끼는 사람들로 가득하다. 그들은 남의 것을 뺏고 자신의 것을 나누지 않으려고 노력한다. 남의 불행을 비웃고 자신만이 잘되기를 바라는 사람들이다. 루틴은 그런 사람들로부터 당신을 지켜주는 보호막이 된다. 꾸준한 반복을 통해 자신을 찾고 가야 할 길을 알려준다. 진정한 행복은 자유에서 시작된다. 루틴은 당신에게 자유를 준다.

2장

루틴과 습관, 뭐가 다를까?

06
루틴과 습관의 차이점

출발하게 만드는 힘이 '동기'라면, 계속 나아가게 만드는 힘은 '습관'이다.

– 짐 라이언

'루틴'과 '습관'은 비슷한 의미로 사용한다. 처음에는 나도 둘의 차이를 잘 알지 못했다. 루틴을 설계하고 실행하는 과정에서 둘의 차이점을 알게 됐다. 지금까지 습관으로 알고 있었던 것 중에 많은 것이 루틴이었다. 루틴은 규칙적으로 하는 행동의 통상적인 순서와 방법을 의미한다. 꼭 해야 할 필요는 없지만 하면 좋은 일들이 루틴에 해당한다. 루틴은 자동으로 실행되지 않는다. 내 의지가 반영되어야 실행이 가능하다. 반면에 습관은 어떤 행위를 오랫동안 되풀이하는 과정에서 저절로 익혀진 행동 방식을 말한다. 아침을 먹을 때가 되었으니 아침을 먹고 잠을 잘 때가 되었으니 자는 행동을 말한다. 밥을 먹고 자는 행동에 내 의지는 크게 작용하지 않는다. 본능이 시키니까 자연스럽게 일어나는 행동이다.

이런 차이가 있기 때문에 루틴이 발동하기 위해서는 특정 조건이 충족되어야 하는 경우가 많다. 정해진 시간이나 장소의 도움이 필요하다. 글을 쓰기 위해서는 컴퓨터나 종이가 있어야 한다. 운동하기 위해서는 헬스장에 가야 한다. 내 의지 없이 헬스장에 가거나 컴퓨터 앞에 앉아서 글을 쓰지는 않는다. 본능에 따른다면 글을 쓰기보다는 PC 게임이나 쇼츠 영상을 볼 확률이 높다. 헬스장에 가면 운동을 하는 것은 습관이라기보다는 루틴으로 만들었기 때문이다. 운동 루틴을 몸에 익히기 위해서는 많은 시간과 노력이 필요하다. 매일 운동하는 것에 익숙해졌다는 생각으로 잠시 방심하게 되면 와르르 무너지는 것이 루틴이다. 습관은 무너지지 않는다. 특히 나쁜 습관은 나도 모르는 사이에 행동으로 옮긴 경우가 종종 발생한다. 우리가 멍하니 쇼츠 영상을 보게 되는 것도 나쁜 습관 중 하나이다. 1+1 상품에 혹해서 자신도 모르게 주문 버튼을 누르는 것도 나쁜 습관이다.

　사람의 마음은 수시로 변한다. 하루에도 몇 번이고 바뀌는 것이 우리가 가지고 있는 생각이다. 의지는 생각을 따른다. 아무리 강한 의지의 소유자라고 해도 단단함을 하루 종일 유지할 수 없다. 하기 싫은 생각이 강해지면 루틴은 힘을 잃는다. 의지가 약해진 상황에서 루틴은 발동하지 않는다. 강한 의지가 있어야 행동으로 옮길 수 있는 것이 루틴이다. 아무리 간단한 행동이라고 해도 자동으로 실행되지 않는다. 습관은 무의식으로 발동이 가능하다. 나도 모르는 사이에 하고 있는 일들은 대부분 습관이다. 루틴을 습관화하기 위해서 노력하는 것도 습관의 장점을 이용하기 위해서다. 하지만 습관은 단시간에 몸에 익숙해지지 않는다. 끊임없는 반복을 통해 몸에 착 달라붙게 해야 습관이 된다. 문제는 좋은 습관은 몸에 익숙하게 만들기가 어렵다. 나쁜 습관은 내가 노력하지 않아도 쉽게 몸에 달라붙는다.

　우리가 특히 주의해야 할 것은 나쁜 습관이 자리를 잡게 되면 쉽게 떨어지지 않는다는 데 있다. 좋은 습관은 쉽게 몸에 달라붙지 않는다. 나쁜 습관은 내가 원하지 않아도 몸에 착 달라붙는다. 나쁜 습관이 이처럼 쉽게 달라붙는 이유는 인간의 본능이 쉽고 편한 것을 찾기 때문이다. 나쁜 습관은 눈앞의 즐거움을 찾는 것들이 대부분이다. 좋은 습관은 몸에 좋은 약이 입에 쓴 것처럼 당장은 힘든 것들이 대부분이다. 새벽 기상의 장점은 아주 많다. 시간을 길게 쓸 수 있고 아침에는 집중력이 평소보다 배가 되기 때문이다. 미라클 모닝이라는 말이 있을 정도다. 일찍 일어나는 습관을 만들기 위한 노력은 누구나 한다. 아무리 의지가 약한 사람이라도 시작한 지 3일 정도는 계획대로 할 가능성이 높다. 문제는 꾸준함을 유지하는 것이다. 일찍 일어나는 것을 습관으로 만들기 위해 새벽 기상 루틴을 만들었다고 해도 꾸준하기 실행하지 못하면 흐지부지되고 만다. 이것은 당신이 유별나게 의지가 약해서 그런 것이 아니다. 인간은 누구나 시간이 지날수록 의지가 약해진다. 변명만 늘어난다.

사람은 환경의 영향을 강하게 받는다. 전날 회식하거나 술모임이 있었을 때는 아침에 일어나기 어렵다. 평소에는 루틴을 잘 지키던 사람도 주말이 되면 마음이 풀어지게 된다. '잠시만 미루자'라는 생각을 하는 순간 루틴은 와르르 무너진다. 나쁜 습관은 이 기회를 놓치지 않는다. 사람의 의지가 약해지는 순간이 나쁜 습관이 힘을 얻는 시기다. 새벽 기상을 몇 번 놓치게 되면 늦잠이 계속해서 이어진다. 한 번 내려놓기 시작하면 더 이상 새벽 기상 루틴을 지킬 수 없다. 늦잠을 자게 되니 밤에는 늦게 자고 아침은 늦게 시작하는 악순환이 반복된다. 루틴은 이처럼 쉽게 무너질 위험이 있다. 아무리 습관으로 만들기 위해서 노력해도 안 되는 것은 안 되는 것이다. 알람을 여러 개 세팅해 놓는 것으로는 근본적인 문제 해결이 되지 않는다. 한 번 약해진 의지는 제자리로 돌아오기 어렵다.

    위기 상황에서 우리가 의지해야 할 것은 루틴이다. 흐트러진 마음을 바로잡을 수 있는 것도 루틴이다. 루틴은 꾸준함을 유지할 수 있게 도와준다. 루틴을 수행하면서 조금씩 수정도 가능하다. 시행착오를 겪으며 내게 맞는 루틴을 만들 수 있다. 여기서 주의할 점은 절대 조급하게 생각하면 안 된다는 것이다. 내게 맞는 루틴을 만들기 위해서는 많은 시간이 필요할 수도 있다. 오늘의 성공이 내일의 성공을 보장할 수 없다. 잘 해보려는 의욕이 앞서게 되면 오히려 일을 망칠 수 있다. 한두 번은 괜찮지만, 무리한 행동을 반복하게 되면 꾸준함에 균열이 생긴다. 꾸준함을 유지하기 위해서는 내가 가진 에너지의 한계를 알고 있어야 한다. 한 번에 너무 많은 에너지를 사용하면 안 된다. 잠시 성과가 나올 수는 있다. 하지만 사람의 몸은 기계가 아니다. 몸의 에너지를 무리하게 사용하게 되면 쉽게 지친다. 최악의 경우 번아웃이 온다. 번아웃 상황에서는 아무것도 할 수 없다. 공들여 쌓아 왔던 루틴이 와르르 무너져 버린다. 나쁜 습관이 힘을 받게 된다.

좋은 습관이 몸에 자리를 잡기 위해서는 어떤 행동을 해야 할까? 먼저 내 몸에 맞는 루틴을 설계해야 한다. 몸에 무리가 가지 않는 루틴을 만드는 것이 무엇보다 중요하다. 매일 반복을 해도 지치지 않는 방법을 찾아야 한다. 다음은 내 새벽 루틴이다. 기상 시간은 상황에 따라 조금씩 차이가 있지만 아래의 루틴을 최대한 유지하고 있다.

1. 기지개를 크게 켠다.
2. 흩어진 이부자리를 정리한다.
3. 찬물로 세수한다.

4. 시원한 물 한 잔을 마신다.
5. 컴퓨터의 전원을 켜고 블로그에 글을 올린다.
6. 블로그에 올린 글을 기반으로 인스타그램, X, 스레드에 글을 올린다.

기지개, 이부자리 정리, 세수, 물 한 컵 마시기는 10분도 안 되는 짧은 시간 동안 일어나는 일이다. 이처럼 간단한 행동을 통해 하루를 시작할 준비를 마친다. 글을 쓰는 시간까지 포함하면 1시간도 안 되는 시간에 일어나는 행동들이다. 위의 루틴을 2년 동안 반복했다. 평일과 주말의 차이는 없다. 예외를 두지 않았다.

루틴에 새벽 기상과 글쓰기를 반드시 넣어야 하는 것은 아니다. 글쓰기 대신 독서나 운동을 루틴에 넣는 것도 좋다. 운동과 글쓰기를 병행하는 것도 좋은 방법이다. 중요한 것은 지치지 않고 꾸준히 할 수 있는 일을 루틴에 넣어야 한다는 점이다. 루틴을 실행하는 장소도 중요하다. 날씨나 주변 사람들의 방해를 받게 되면 꾸준함을 이어갈 수 없다. 한두 번은 방해를 이겨낼 수 있을지는 몰라도 방해가 끊임없이 이어지게 되면 결국에는 백기를 들 수밖에 없다. 새벽에 글을 쓰기 시작한 것은 새벽 시간에는 방해를 받을 확률이 줄어들기 때문이다. 처음에는 블로그에 글을 올리는 것도 힘들었다. 글 한 개를 포스팅하기 위해 하루 종일 고민하던 시절도 있었다. 중간에 포기하지 않았기에 지금의 내가 있다.

일반적으로 알려져 있기를 일정한 행동을 습관으로 만드는 데는 최소 66일이 필요하다고 한다. 내가 경험해 본 결과 아무리 작은 일이라도 습관으로 만들어지는 데는 100일 이상이 필요했다. 66일만으로는 부족했다. 새벽에 일어나는 루틴이 몸에 익숙해지기까지는 100일의 기간이 필요했다. 10일 정도는 크게 무리가 없었다. 10일이 지나면서 조금씩 어려움이 생겼다. 평일에는 늦게까지 일을 하거나 술을 마시게 되면 하루쯤 건너뛰자는 마음의 유혹이 나를 흔들었다. 주말에는 늦잠의 유혹에 흔들렸다. 인생을 바꾸고 싶은 사람이라면, 성공하고 싶은 사람이라면 이러한 사소한 유혹에 흔들려서는 안 된다. 66일이 지났다고 안심해서는 안 된다. 100일이 지난 뒤에도 항상 경계의 마음을 늦추지 말아야 한다. 마음은 언제 흔들릴지 모르기 때문이다.

루틴을 지속하게 만드는 힘은 간절함에서 비롯된다. 나를 바꾸고자 하는 간절한 마음은 유혹을 견뎌낼 수 있는 강력한 방어막이 된다. 일상이 답답하다고 생각하고 있다면, 변화를 원한다면 나를 바꾸겠다는 간절한 마음을 가져야 한다. 간절함은 의지를 강하게 만든다. 강해진 의지는 꾸준함을 유지하는 데 도움을 준다. 루틴을 습관으로 만들면 여러 가지로 편하다. 하지만 습관화가 안 되는 것도 있다는 것을 알아야 한다. 실행할 때마다 의지가 필요한 것은 습관화가 어려운 일이다. 그렇다고 해서 좌절할 필요는 없다. 66일 이상을 반복하면 루틴이 단단하게 자리 잡는다. 단단히 자리 잡은 루틴은 성공으로 가는 든든한 도우미가 되어 준다.

07
루틴을 위협하는 나태함과 미루기 습관

작은 일을 잘해야만 큰일도 잘할 수 있다는 사실을 잊지 말자. 큰일이 넘어야 하는 높은 벽이라면, 작은 일을 루틴으로 만드는 건 사다리를 만드는 일 같은 것이다.

- 류한빈

대한민국의 전 피겨스케이팅 선수인 김연아는 2010 밴쿠버 동계올림픽 피겨스케이팅 여자 싱글 금메달리스트이자 2014년 소치 동계올림픽 피겨스케이팅 여자 싱글 은메달리스트이다. 올림픽에서뿐만이 아니라 피겨스케이팅 세계 선수권 대회에서도 오랜 시간 동안 세계 1위로 군림해 왔었다. 그녀가 오랫동안 최고의 자리를 유지할 수 있었던 것은 철저한 자기 관리 덕분이다. 그녀는 선수 시절에 철저한 자기 관리와 고강도 훈련으로 유명했다. 선수일 때 그녀의 하루는 새벽 6시부터 시작했다. 기상과 동시에 가벼운 스트레칭으로 몸을 풀고 점프, 스핀, 스텝 등의 기술 훈련을 연습한다. 점심 이후에는 프로그램 전체 루틴 연습이 이어졌다. 오후에는 물리치료 및 마사지 등으로 몸의 회복에 힘썼다. 이런 훈련이 거의 1년 내내 이어졌기에 그녀는 세계 최고의 자리에 올랐다. 이렇게 매일 반복하는 훈련도 습관이 되지는 못했다. 루틴으로 정해 놓고 꾸준히 반복했기에 하루도 거르지 않고 힘든 훈련을 지속할 수 있었다.

습관은 의식하지 않아도 자연스럽게 반복할 수 있는 행동이다. 습관화가 되면 무의식 속에 자리를 잡게 된다. 무의식에 자리 잡은 행동은 특별히 의식하지 않아도 자연스럽게 행동으로 나타나게 된다. 습관과는 다르게 루틴은 항상 신경을 써야 한다. 아무리 아침 일찍 일어나는 것에 익숙해졌다고 해도 잠시 방심하게 되면 기상 시간을 놓쳐 버릴 수 있다. '조금만 더 있다가 일어날 거야'라는 생각에 잠시 꾸물거리다 보면 어느새 1시간이 흘러가 버린다. 일찍 일어나기 위해서는 전날 잠자는 시간부터 관리해야 한다. 일찍 자야 일찍 일어날 수 있다. 전날 늦게 자면 늦잠을 잘 가능성이 높아진다. 아무리 새벽 기상에 익숙해진 사람이라도 몸을 이겨낼 수는 없다. 새벽 루틴을 꾸준히 이어가기 위해서는 긴장을 늦추지 말아야 한다. 모임이 있더라도 너무 늦게까지 있어서는 안 된다. 술을 마시는 것도 위험하다. 알코올은 인간의 의지를 약화시킨다. 실수를 저지를 확률이 높아진다.

글쓰기 루틴도 어렵기는 마찬가지다. 글쓰기가 습관이 될 수만 있다면 매우 편리할 것이다. 손을 키보드에만 올려도 글이 술술 써진다면 얼마나 좋겠는가? 안타깝게도 글쓰기는 습관이 되지 못한다. 글을 쓰기 위해서는 고도의 집중력이 필요하기 때문이다. 아무리 글을 잘 쓰는 사람도 누군가에게 방해를 받는다면 글을 쓰는 것이 어렵게 느껴진다. 사랑하는 가족이나 반려동물이 함께 시간을 보내자고 눈앞에서 보채는 상황에서 이를 무시하고 글을 쓸 수 있는 사람은 많지 않다. 글쓰기가 습관이 될 수 없는 이유가 여기에 있다. 글을 꾸준히 쓰기 위해서는 나만의 장소와 시간, 그리고 루틴이 필요하다.

내가 글쓰기를 꾸준히 할 수 있었던 것도 집중할 수 있는 사무실이 있기 때문이다. 집에서도 글을 쓸 수는 있지만 예기치 못한 돌발 변수에 집중력이 흐트러지는 경우를 종종 겪었다. 아무리 대비를 해도 변수 모두를 예상할 수는 없다. 어떤 이들은 매일 글을 쓰는 것에 집착하지 말라고 한다. 2일에 한 번, 일주일에 2~3번만 글을 써도 루틴을 이어가는 것에 문제가 없다고 말하는 사람도 있다. 틀린 말은 아니다. 의지만 굳건하다면 매일 글을 쓸 필요는 없다. 어느 정도 기간의 여유를 두고 글을 써도 된다. 하지만 사람은 여유가 있다고 느끼는 순간 게을러진다. 사람을 100퍼센트 신뢰하지 못하는 이유는 잠깐의 방심으로 일을 그르친 경험이 종종 있었기 때문이다. 아무리 잘하는 사람이라도 실수를 할 수 있다. 안 좋은 습관은 실수를 불러온다. 안 좋은 습관은 조금이라도 허점을 보이는 순간 사람의 마음을 지배해 버린다. 운동 루틴도 장소의 힘이 필요하다. 운동을 꾸준하게 할 수 있었던 것도 헬스장의 힘이 컸다. 집에서 운동했다면 오랜 시간 동안 루틴을 지키지 못한다. 야외 운동은 더욱 힘들다. 시시각각으로 변하는 날씨와 주변 상황을 핑계 대고 운동을 꾸준히 이어가지 못한다. 나쁜 습관은 언제든 우리의 루틴을 깨뜨리기 위한 기회를 엿보고 있다.

나태함이 무서운 것은 인간의 본능에서 비롯되었기 때문이다. 루틴이 잘 되고 있다고 해서 방심을 하다 보면 안 좋은 습관이 튀어나올 때가 있다. 안 좋은 습관은 아무리 노력해도 없어지지 않는다. 사람은 본능적으로 편하기를 바란다. 서 있으면 앉고 싶고, 앉으면 눕고 싶고, 누우면 자고 싶은 것이 사람의 마음이다. 도전이 어려운 것은 낯선 환경을 두려워하는 본능 때문이다. 새로운 도전은 늘 불안함을 동반한다. 두려움을 극복해야 성장할 수 있다. 안락한 환경 속에서는 성장이나 발전이 있을 수 없다.

미루기도 인간의 안 좋은 습관 중 하나이다. 당장 해야 할 일이 있음에도 불구하고 인간의 마음은 항상 미루고 싶어 한다. 잠시라도 미루게 되면 이를 통해 위안을 느낀다. 문제는 내일로 미룬 일은 내일이 되면 또 미룰 수 있다는 점이다. 한번 미루게 되면 계속 미루게 된다. 이 과정에서 죄책감도 사라져 버린다. 매일 루틴을 반복해야 하는 이유는 나태와 미루는 습관에서 벗어나기 위함이다. 습관을 너무 믿어서는 곤란하다. 언제든 변명을 찾아내는 것이 인간의 마음이다. 습관보다는 루틴의 힘을 믿어야 한다. 사람의 본능에 휘둘리지 않기 위해서는 루틴을 단단히 만들고 이를 꾸준하게 실행해야 한다. 반복된 행동을 통해 우리는 강해진다. 꾸준한 반복은 긍정적인 마음을 가져온다. 부정적인 마음의 방해를 받지 않기 위해서라도 기본 루틴은 반드시 실행해야 한다. 어떤 상황에서도 지키겠다는 강한 의지를 가져야 한다. 루틴을 잊지 않고 반복 수행할 때 우리는 성장한다.

08
루틴이 삶을 자동화하는 방식

우리의 마음은 밭이다. 그 안에는 기쁨, 사랑, 즐거움, 희망과 같은 긍정의 씨앗이 있는가 하면 미움, 절망, 좌절, 시기, 두려움 등과 같은 부정의 씨앗이 있다. 어떤 씨앗에 물을 주어 꽃을 피울지는 자신의 의지에 달려 있다.

– 틱닛한

   사람의 마음은 밭에 비유할 수 있다. 긍정적인 씨앗을 뿌리면 긍정적인 마음이 자란다. 부정적인 씨앗을 심게 되면 부정적인 마음이 순식간에 뿌리를 뻗으며 자란다. 아침에 일어났을 때 어떤 마음을 갖느냐에 따라 하루의 컨디션이 달라지는 것도 이 때문이다. 우리는 잠자리에 들기 전에 마음이라는 밭에 내일 키울 씨앗을 뿌리는 것이다. 어떤 씨앗을 뿌렸느냐에 따라서 다음날 기분이 결정된다.

성공한 사람들은 운동, 독서, 글쓰기를 입이 아프도록 강조한다. 여기에 한 가지를 더 추가하자면, 아침을 어떻게 보내느냐는 성공으로 가는 데 있어서 중요한 역할을 한다. 성공적인 아침 루틴을 위해서는 너무 많은 에너지를 소모해서는 안 된다. 가능하면 쉽고 간단한 루틴으로 하루를 시작하는 것이 좋다. 베스트셀러 〈돈의 속성〉의 작가이자 성공한 사업가인 김승호 회장은 작고 간단한 루틴으로 하루를 시작한다. 그의 루틴에 별다른 것은 없다. 그의 아침 루틴은 이부자리 개기, 세수, 명상, 물 한 잔 마시기와 같은 간단한 행동으로 구성되어 있다. 내가 현재 하는 새벽 루틴과 큰 차이가 없다. 그는 이렇게 간단한 루틴을 매일 잊지 않고 실행하는 것을 시작으로 자신의 회사를 700억 가치의 기업으로 키워냈다. 현재는 다양한 강연과 모임을 통해 자신의 성공 비결을 많은 기업가들에게 알리는 활동을 하고 있다. 그가 말하는 루틴은 아주 간단한 것이다. 일어나자마자 이부자리를 정리하는 등의 간단한 루틴을 통해 하루를 어떤 마음으로 시작해야 하는지를 알려준다. 하루를 효과적으로 보내기 위해서는 아침 시간을 어떻게 보내는 가가 매우 중요하다. 아침 루틴을 실행하는 것은 우리의 마음에 긍정적인 씨앗을 뿌리는 것이다. 이렇게 뿌려진 씨앗은 긍정적인 생각과 말로써 키워야 한다. 자신에게 끊임없이 할 수 있다는 말을 해준다면 긍정의 씨앗은 마음속에 깊은 뿌리를 내리게 된다. 이쯤 되면 어떤 일이라도 할 수 있다는 자신감이 마음속에 자리 잡는다.

당신은 오늘 아침에 어떤 행동으로 하루를 시작했는가? 기억이 잘 나지 않는가? 그렇다면 내일부터는 기상과 동시에 할 일을 생각해 놓기를 바란다. 생각한 일은 반드시 실행해야 한다. 아주 간단한 행동도 좋다. 이것만큼은 꼭 할 수 있는 행동을 정해서 눈에 보이는 곳에 써놓도록 하라. 오늘 마음먹은 일을 실행으로 옮기는 것만으로도 마음속에 긍정적인 씨앗이 자라난다. 아침 루틴을 숙제라고 생각해서는 안 된다. 억지 행동은 부정적인 마음을 불러올 가능성이 높기 때문이다. 하루를 가볍게 시작하려고 만든 루틴이 오히려 부정적인 마음을 불러와서는 안 된다. 간단하고 쉬운 행동을 루틴에 넣으라는 것은 마음의 부담을 덜기 위해서다. 아침 시작과 동시에 많은 에너지를 사용하게 되면 하루 일과를 소화하는데 어려움이 생긴다.

예전에는 아침 루틴이 없었다. 만들 생각을 하지 못했다. 기상 시간이 정해지지 않은 상태에서 전날 무리라도 하게 되면 아침에 일어나는 것이 너무도 힘들었다. 바로 일어나지 못하고 이불 속에서 꿈지럭거리다가 아까운 시간을 날려버리는 경우가 대부분이었다. 단순히 아침 시간만을 날리는 것이 아니다. 아침을 무거운 마음으로 시작하게 되면 하루 종일 컨디션에도 영향을 미친다. 늦잠으로 하루를 시작하게 되면 하루 종일 쫓기는 느낌으로 살아야 했다. 새벽 루틴을 정한 이후로는 전날의 일이 영향을 미치는 경우가 확연하게 줄어들었다. 어제는 어제고 오늘은 오늘이다. 전날 아쉬운 일이 있었어도 잊어 버려야 한다. 아쉬운 부분은 오늘 만회하면 된다. 새벽 루틴을 수행하는 동안 머리가 깨끗하게 초기화됐다. 컴퓨터나 휴대폰의 전원을 off 시켰다가 다시 on 시키면 잡다한 데이터가 깨끗이 사라지고 메모리가 깔끔해지는 것처럼 말이다. 새벽 루틴은 나를 엇나가지 않도록 잡아주는 중요한 역할을 하고 있다. 하루를 상쾌한 마음으로 시작할 수 있게 도와주는 고마운 루틴이다.

아침을 긍정적으로 시작하는 데 성공했다면 이제 하루의 마무리에 대해서도 생각해 봐야 한다. 하루를 마무리하는 시점에서 효과가 좋은 것은 일기를 쓰는 것이다. 저녁에 쓰는 일기는 남에게 보여도 좋고 아니어도 상관없다. 하루의 일을 정리하고 고생한 나 자신에게 수고했다는 말을 전해주는 역할이면 충분하다. 일기에 쓸 내용이 없다면 감사 일기를 쓰는 것을 추천한다. 오늘 하루 무사하게 보낸 것을 감사하는 것만으로도 마음은 편안함을 느낀다. 남이 아닌 내가 스스로에게 수고했다고 말해주는 것이다. 감사하다고 칭찬해 주는 것이다. 이러한 간단한 행동만으로도 자신감이 조금씩 차오른다. 잠자리에 드는 마음이 한결 가벼워진다. 가벼운 마음으로 잠을 청하면 다음 날 아침도 상쾌한 마음으로 시작할 확률이 높아진다. 하루 동안 어떤 일이 있었더라도 저녁에 감사 일기를 쓰고 아침에 정해 놓은 일을 거르지 않고 수행한다면 루틴이 단단하게 자리를 잡는다. 이렇게 자리 잡은 루틴은 힘든 하루를 보내는 데 있어서 큰 힘이 된다. 루틴을 통해 매일 당신의 의지가 강해진다. 강해진 의지는 어떤 일도 할 수 있는 자신감을 가져온다.

09

나쁜 습관을 잡아주는 루틴

처음에는 우리가 습관을 만들지만, 그다음에는 습관이 우리를 만든다.

– 존 드라이든

습관은 본능에 의해 움직인다. 나쁜 습관이 자리를 잡게 되면 우리의 삶에 안 좋은 영향을 미치게 될 가능성이 높다. 조심해야 할 것은 나쁜 습관은 금세 우리의 몸과 마음에 자리를 잡기 때문이다. 이와는 달리 좋은 습관이 몸에 착 달라붙기 위해서는 많은 시간과 노력이 필요하다. 자리를 잡았다고 해서 영구히 이어지는 것도 아니다. 방심하게 되면 습관이 안 좋은 방향으로 움직인다. 좋은 습관이 강할 때는 잠시 모습을 감춘다.

우리의 마음이 흔들리고 있을 때 기다렸다는 듯이 모습을 드러내는 것이 바로 나쁜 습관이다. 다시 돌아올 때마다 나쁜 습관은 좀 더 강한 모습으로 돌아온다. 과거를 생각해 보면 좋은 습관보다 아쉽게 느껴지는 습관이 더 많이 생각난다. 인간은 본능적으로 편하고 안전하다고 느껴지는 것을 추구한다. 안 좋은 습관은 그 틈을 교묘히 파고든다.

프리랜서로 지내던 시절에는 늦잠으로 인해 고생했던 경험이 있다. 밤에 술을 마시거나 게임을 하느라 늦은 시간을 깨어 있게 되면 다음 날 여지없이 늦잠을 잤다. 해가 중천에 떠오른 시간에 잠에서 깨게 되면 허탈한 마음부터 들었다. 하루의 절반이 날아갔음을 깨달았기 때문이다. 이런 상황에서 긍정적인 마음을 유지하기는 어렵다. 멍한 상태에서 벗어나기 위해 자극적인 것을 찾아 헤매게 된다. PC 게임이나 쇼츠 영상은 잠시 강렬한 자극을 준다. 강렬한 자극은 머리를 무감각하게 만든다. 게임 못지않게 술은 나쁜 습관을 끌어내는 강력한 존재이다. 알코올이 몸에 들어가게 되면 사람들은 정상적인 생각을 하지 못한다. 아무리 술이 강한 사람이라 할지라도 알코올의 힘을 이겨낼 수 없다. 겉은 멀쩡해 보여도 정신은 알코올에 의해 지배당하고 만다. 이런 상황에서는 발전적인 생각을 할 수 없다. 그저 먹고 자고 노는 등의 단순한 재미만 추구한다. 밤에도 쉽게 잠에 들지 못하고 자극적인 것을 찾는다. 아침이 되면 멍한 상태로 깨어난다. 정신을 조금이라도 회복되자마자 자극을 찾아 나선다. 이래서는 악순환에서 벗어나지 못한다.

회사에 다닐 때는 그나마 규칙적인 생활을 할 수 있었다. 정해진 시간에 출근과 퇴근을 해야 하기 때문이다. 평일에는 회사 일을 하는 동시에 자투리 시간을 이용해서 운동했다. 비교적 규칙적인 하루를 보냈다. 문제는 주말에 발생했다. 주말만 되면 안 좋은 습관이 모조리 튀어나왔다. 주말뿐만이 아니다. 긴 연휴는 미루기 잔치가 펼쳐지는 기간이다. 안 좋은 습관이 일제히 튀어나왔다. 나쁜 습관은 긍정적인 마음을 방해하고 부정적인 생각으로 가득 차게 만든다. 머리가 자극으로 엉망이 된 상태에서는 사람들을 만날 때도 소모적인 모임을 선호한다. 사람을 제대로 알기도 전에 자극적인 활동으로 시간을 보낸다. 스스로를 나락으로 떨어뜨려 버리는 행동을 반복한다. 이것은 남이 시켜서 하는 것이 아니다. 스스로가 선택한 길이다. 도파민이 터지는 행동을 선택한 것이다. 습관이 무서운 것은 이 때문이다. 나쁜 습관은 잠시만 방심해도 우리를 지배하기 위해 기를 쓰고 덤빈다. 루틴을 단단하게 만들어야 하는 것은 어려운 상황에서 가능한 한 빨리 제자리로 복귀하기 위함이다. 약점을 가리고 장점을 키울 수 있는 것도 루틴이 가진 힘이다.

할리우드 배우 로버트 다우니 주니어는 심각한 약물 중독을 극복하고 재기에 성공한 인물이다. 마블 스튜디오의 아이언맨 영화의 주연을 따내기 전까지 그는 무명 배우였다. 약물로 인해 배우 생활을 그만둘 위기에 처해 있었다. 그가 약을 끊기로 결심한 것은 아들 인디오의 존재 때문이었다. 그는 인터뷰에서 "더는 아들에게 그런 아버지로 남을 수 없다고 느꼈다."라고 말한 적이 있다. 아들과의 관계 회복을 위해 그는 오랜 세월 자신의 발목을 잡은 약을 끊기로 결심했다.

그의 극복 루틴은 단순한 재활 치료가 아닌 심리적 회복, 생활습관 개선, 지속적인 자기 관리가 포함된 철저한 과정이었다. 1980년에서 1990년대에 이르기까지 그는 알코올, 코카인, 헤로인 중독으로 여러 차례 체포되고 재활 치료를 받았다. 심지어 1999년에는 LA 카운티 교도소에 죄수로 수감되었다. 그런 그가 2003년 이후로는 완전히 달라졌다. 철저한 루틴으로 완벽한 금단에 성공한 것은 물론이요, 배우로서 완벽한 부활을 알렸다. 그의 루틴은 약물과 연관된 친구, 동료, 가족과 완전한 단절부터 시작했다. 약물 환경과 완전한 단절에 성공한 그는 전문적인 재활 치료와 정신과 치료를 병행했다. 매일 규칙적으로 상담을 받으며 과거의 나쁜 습관이 되살아나는 것을 방지했다. 그의 정신력 강화에 도움이 된 것은 중국 전통 무술인 윙춘이었다. 윙춘뿐만이 아니라 요가와 태극권을 통해 정신 안정과 심호흡 훈련을 함께했다. 이 과정에서 금주와 금연을 철저히 지킨 것은 당연한 일이다. 꾸준한 루틴의 반복을 통해 그는 완벽하게 약물을 끊어낼 수 있었고 우리가 알고 있는 배우로서 재기에 성공했다. 그냥 재기에 성공한 것이 아니다. 마블 스튜디오의 아이언맨 영화의 주연 배역을 따내면서 그는 세계적인 스타로 이름을 날리게 된다. 전 세계 배우 중 최고의 몸값을 받는 귀한 몸으로 등극했다. 그를 최고로 만든 것은 루틴이었다. 철저한 루틴이 없었다면 약을 끊지 못했다. 배우 생활을 지금까지 할 수 있었을지도 의문이다.

로버트 다우니 주니어의 예에서 보듯이, 안 좋은 습관을 끊어내고 싶다면 루틴에 의지해야 한다. 잘 만든 루틴은 안 좋은 습관에서 꺼내 준다. 안 좋은 습관에서 벗어나게 되면 자신감이 차오른다. 자신감을 가지고 새로운 도전에 임한다면 우리의 인생은 크게 변한다. 루틴은 우리에게 변화의 기회를 준다. 나를 바꾸고 환경을 바꾸는 힘을 준다.

2부

루틴으로
시작한 변화들

1장

몸이
달라졌다
- 운동 루틴

01
작은 움직임이 만든 큰 변화

4시간밖에 일할 체력이 없는 사람이 갑자기 8시간을 일하는 것은 불가능하다. 몸이 피곤하면 노력은 고사하고 만사가 귀찮아지기 때문이다. 피곤하면 일을 대충 하게 되고, 그 대충이 반복되면 스스로 도태되고 만다.

– 함서경

    체력이란 몸의 힘을 말한다. 신체의 근력과 지구력, 혹은 질병에 대한 저항력을 포괄한다. 우리는 지구력을 체력으로 인식하기도 한다. 일을 하기 위해서는 체력이 필요하다. 좋아하는 취미를 즐길 때도 체력이 필요하다. 루틴을 지키기 위해서도 체력은 반드시 필요하다. 체력이 국력이라는 말을 들어봤을 것이다. 체력은 그만큼 우리 삶에서 중요한 요소이다. 건강을 유지하기 위해서는 강한 체력이 반드시 필요하다. 남들이 부러워하는 성공을 거둔 사람이라고 할지라도 건강하지 못하면 성공의 의미가 퇴색될 수밖에 없다. 건강은 우리 삶에 있어서 기본이자 중심이다. 이렇게 소중한 건강의 중요성을 평소에는 깨닫지 못하는 것이 문제다. 많은 사람들이 평소에는 건강을 소홀하게 대하고 있다. 젊었을 때는 크게 문제가 되지 않는다. 야근해도 금방 회복이 된다. 밤새 게임을 해도 다음 날 일하는 데 지장을 주지 않는다. 문제는 모든 사람이 나이를 먹는다는 데 있다. 사람은 나이를 먹게 되면 체력이 점점 떨어지게 된다. 제대로 관리를 하지 않으면 건강에도 적신호가 커지게 된다. 한 번 잃은 건강은 예전으로 돌아가기 매우 어렵다. 건강의 소중함에 대해 깨달았을 때는 이미 돌이킬 수 없는 상황에 부닥쳤을 때이다. 원상태로 돌리기 위해서는 많은 시간과 노력 그리고 비용이 필요하게 된다.

나 역시 건강을 잃은 뒤에 비로소 건강의 소중함을 깨달았다. 젊었을 때는 건강에 대해 신경을 쓰지 않았다. 그도 그럴 것이, 부모님께 건강한 몸을 물려받은 덕분에 감기와 같은 잔

병에도 잘 걸리지 않았기 때문이다. 야근을 밥 먹듯이 해도 다음 날 근무에 큰 지장이 없었다. 밤새 술을 마셔도 지각을 하거나 결근하는 일은 없었다. 이런 나의 건강에 적신호가 켜진 것은 30세 중반이 넘어갈 즈음이었다. 문제의 원인은 과도한 체중에 있었다. 비만에 대한 우려는 어렸을 때부터 나를 괴롭혔다. 사회생활을 시작하고 잦은 회식과 친구들과의 술 모임은 나를 비만 체질로 만들고 말았다. 한창 살이 올랐을 때는 100kg에 육박할 정도였다. 정상 체중보다 30kg이나 오버된 과체중이 된 것이다.

   비만에 대한 심각성을 느낀 계기가 있었다. 친구들과 계곡으로 놀러 갔을 때의 일이다. 어이없게도 아무 생각 없이 걸어가던 중에 허벅지를 다치고 말았다. 격한 동작을 취한 것도 아니었다. 사진을 찍으며 돌아다니던 도중에 허벅지에 통증을 느낀 것이다. 마치 수백 개의 바늘로 허벅지를 찌르는 듯한 통증에 바닥으로 주저앉고 말았다. 태어나서 처음 느껴보는 고통이었다. 병원에서 미세혈관 파열이라는 진단 결과를 받았다. 불어난 체중을 허벅지에 있는 혈관이 견뎌내지 못한 것이다. 그나마 인대가 다치지 않은 것을 다행으로 생각해야 할까?

한동안 불편한 생활을 해야만 했다. 평소 운동이라면 숨쉬기 운동이면 충분하다고 생각했던 나에게 운동의 필요성을 알려준 사건이었다. 이대로는 앞으로 더 큰 일이 생길 수도 있다는 두려운 생각이 들었다. 허벅지 통증이 어느 정도 진정된 후에 헬스장으로 향했다. 1년 회원권을 끊고 죽을 각오로 운동을 했다. 좋아하는 술도 멀리하고 운동에 집중했다. 그 결과 3개월 만에 20kg을 빼는 데 성공했다. 중간에 요요현상을 겪기도 했지만 한번 시작한 운동을 멈추지 않았다. 좋아하는 음식을 마음대로 먹기 위해서도 운동을 거를 수 없었다. 지금 생각해 보면 정말로 다행한 일이다. 체력을 길러 놓지 못했다면 루틴을 만드는 데도 어려움을 겪었을 테니 말이다.

운동을 시작한 것은 긍정적인 현상이었다. 아쉬운 것은 술을 끊지 못했다는 것이다. 운동으로 체중을 감량하는 것만으로는 건강이 완전히 회복될 수는 없었다. 술을 끊지 못한다면 적어도 마시는 횟수만이라도 줄여야 했다. 하지만 현실은 그렇지 못했다. 워낙에 모임을 좋아했던 탓에 술을 마시는 횟수를 줄이지 못했다. 심할 때는 일주일 내내 술을 마시기도 했다. 운동으로 좋아진 체력은 오히려 주량을 늘리는 것에 도움이 됐다. 연이은 술자리는 내 몸을 점점 약하게 만들었다. 혈압약을 받기 위해 병원에 갔을 때 건강에 적신호가 켜졌음을 알게 됐다. 이미 고혈압 증상을 가지고 있는 상태에서 당뇨 판정을 추가로 받고 말았다. 혈압약을 처방받은 것은 당뇨병에 걸리기 한참 전의 일이다. 일상에 큰 불편함이 없었기에 심각하게 생각하지 않았다. 당뇨는 차원이 다른 문제였다. 혈당이 처음으로 높게 나왔을 때만 해도 크게 걱정하지 않았다. 꾸준히 하고 있는 운동을 믿었다. 시간이 지나면 괜찮아질 것이라는 안일한 마음을 가지고 있었다. 어찌 보면 현실을 애써 부정하고 있었을지도 모른다. 이 사이에도 혈당은 계속해서 나빠지고 있었다.

당뇨 판정을 받았을 때 내 혈당 수치는 300을 넘었다. 당뇨 여부는 혈당 수치로 판단한다. 혈당은 혈액 속에 함유된 포도당의 비율을 의미한다. 포도당은 뇌와 적혈구의 중요한 에너지원이다. 잠시라도 뇌에 포도당 공급이 중단된다면 인간은 생명을 유지할 수 없다. 그래서 우리의 몸은 혈액 내의 포도당을 적절한 농도로 조절하는 기능을 가지고 있다. 혈당이 정상이라면 70에서 110 사이를 유지해야 한다. 식사 후에도 180을 넘어서는 것이 곤란하다. 식사 여부에 상관없이 200을 넘으면 당뇨 판정을 받는다. 당시 내 혈당 수치는 무려 300이었다. 보통 심각한 상황이 아니었다.

혈당에서 문제가 발견된다면 당화 혈색소 검사를 한다. 당화 혈색소 검사는 혈당 수치 검사보다도 정확한 결과를 보여준다. 당화 혈색소는 적혈구 내에서 피를 붉게 보이게 만드는 혈색소를 말한다. 헤모글로빈이 포도당과 결합하여 당화한 것이 당화 혈색소다. 최근에 먹은 음식의 영향을 받는 혈당보다 지난 3개월의 평균 수치로 판단하는 당화 혈색소가 공신력 있는 수치라고 할 수 있다. 당화 혈색소 수치는 백분율로 표시된다. 5.7% 미만이면 정상으로 분류된다. 6.5% 이상이면 당뇨병으로 판정된다. 당시 내 수치는 무려 11%였다. 당장 입원 치료를 받아야 할 정도로 심각한 상황이었다.

머릿속이 복잡해지지 않을 수 없었다. 당뇨는 무서운 병이다. 당뇨 자체보다 당뇨에서 시작되는 합병증이 심각하다는 것 정도는 알고 있었다. 이대로라면 합병증으로 쓰러지는 것은 아닌가 하는 공포가 밀려왔다. 합병증이 심해지면 살이 썩는다고 들었다. 식사 조절만으로는 평생 완치가 불가능하다는 것도 알고 있었다. 남은 인생을 채소만 먹고 살아야 할지도 모른다는 두려운 마음이 들었다. 한편으로 하늘이 원망스럽기도 했다. 술을 즐긴 것은 나뿐만이 아니었다. 당시 내 주변에는 술을 좋아하는 지인들로 가득했다. 그들은 심지어 운동도 안 하는 사람들이었다. 내가 헬스장에 다니는 것을 유난스럽다고 말하던 사람들이었다. 어이없는 것은 운동 루틴을 유지하던 나만 당뇨에 걸렸다는 점이다. 다른 이들은 멀쩡했다. 그들은 내가 당뇨에 걸린 것을 위로해 주기보다는 비웃기에 바빴다. 유난스럽게 운동한다고 설치더니 결과가 그것뿐이냐며 놀렸다. 그들이 얄미웠다. 하늘이 무심하다는 생각이 들 정도였다. 절망의 상황에서 나를 지탱해 준 것은 운동 루틴이다. 이미 벌어진 일은 어쩔 수 없다. 이제 와서 후회한다고 상황은 바뀌지 않는다. 일이 터졌으니 어떻게든 방법을 찾아야 했다. 할 수 있는 것은 다 해봐야 했다. 당장 할 수 있는 것은 운동이었다. 평소보다 운동 강도를 높였다. 평일과 주말을 가리지 않고 헬스장에서 땀을 흘렸다. 주말에도 러닝과 산책으로 체력을 강화했다. 술을 마시는 횟수도 크게 줄였다. 기름진 음식보다는 채소 위주의 식단으로 관리를 시작했다. 그렇게 몇 개월이 지나갔다.

 매월 말이면 병원에 가서 혈압과 당뇨 검사를 받고 약을 받는다. 그러던 어느 날이었다. 그날은 왠지 평소와 분위기가 달랐다. 의사의 얼굴에 미소가 감돌았다. 놀랍게도 혈당 수치가 정상으로 돌아왔다. 병원에서 처방해 준 약을 먹으며 운동을 거르지 않은 효과가 나타났다. 운동과 식단 조절을 꾸준히 하면서 약간의 기대는 했었다. 그렇다고 해서 이렇게 빨리 효과를 보게 될 줄은 상상하지 못했다. 300을 넘던 혈당이 100 이하로 떨어졌다. 이것보다 기뻤던 것은 당화 혈색소가 5.9%까지 내려왔다는 점이다. 그야말로 극적인 변화였다. 당뇨약을 강하게 쓴 것도 아니었다. 채소만으로 식단을 채운 것도 아니었다. 꾸준한 운동의 힘으로 극복한 것이다.

 최근에는 당화 혈색소 수치가 5.6%까지 내려왔다. 공복 혈당이 아닌 식사 이후의 혈당 수치도 '88'이 나온다. 수치만으로 보면 이제 정상이라고 할 수 있다. 당뇨에 걸린 지 5년 만에 정상이 된 것이다. 운동을 꾸준히 하지 않았다면 빠르게 회복하지 못했다. 답답한 마음에 술을 마셨다면 아무리 약을 먹어도 좋은 결과를 얻을 수는 없다. 이제는 일상생활에 아무런 불편함을 느끼지 않는다. 건강은 건강할 때 지켜야 한다. 건강에 적신호가 켜졌다면 죽을 각오로 관리해야 한다. 나에게 맞는 운동 루틴을 설계하고 쓰러질 각오로 반복해야 한다. 매일 반복되는 운동을 통해 당신의 몸은 다시 건강을 찾게 된다. 아프다고 포기해서는 안 된다. 포기하지 않으면 길은 있기 마련이다. 운동 루틴으로 자신을 강하게 만들어야 한다. 현재 아프지 않다고 해서 운동을 하지 않는 것은 어리석은 생각이다. 건강할수록 운동은 더욱 큰 효과를 본다. 체력은 복리로 쌓인다. 이렇게 쌓은 체력은 당신이 어려운 일을 겪었을 때 큰 힘으로 작용한다.

02
꾸준함이 가져온 체력과 정신력의 성장

아무리 작은 일이라도 정성을 담아 10년간 꾸준히 하면 큰 힘이 된다. 20년을 하면 두려울 만큼 거대한 힘이 되고 30년을 하면 역사가 된다.

- 중국 속담

영화 〈맨 오브 스틸〉의 멋진 주인공을 기억하는가? 배우 헨리 카빌은 잘생긴 외모와 조각 같은 몸으로 슈퍼맨 배역을 멋지게 소화해 냈다. 지금이야 보디빌더에 가까운 멋진 몸을 가지고 있지만, 그는 한때 고도 비만에 가까운 체형의 소유자였다. 그가 변화를 결심하게 된 것은 슈퍼맨 역할을 맡기 위해서였다. 그는 슈퍼맨 역할을 맡기 위해서 철저한 자기 관리 루틴을 설계하고 이를 실행으로 옮겼다. 그의 루틴은 다음과 같다.

오전 5:00 ~ 6:00 - 기상, 공복 유산소(걷기 or 러닝), 명상 10분

오전 6:30 - 고단백 아침식사 + 보충제 섭취

오전 7:30 ~ 9:00 - 웨이트 트레이닝 or 크로스핏 방식 운동

오전 ~ 오후 - 촬영 or 대사 연습

오후 4:00 - 가벼운 유산소 운동, 스트레칭

오후 7:00 이후 - 고단백 저녁, 독서, 취침 전 명상, 반려견 산책

밤 10:00 - 취침(수면 시간 7~8시간 확보)

그는 철저한 루틴으로 몸을 만들고 정신력과 연기력까지 향상하게 시켰다. 이와 같은 노력 덕분에 영화 〈맨 오브 스틸〉은 전 세계에서 큰 성공을 거두게 된다. 지금까지 봐왔던 슈퍼맨들보다 훨씬 강하고 다부진 헨리 카빌표 슈퍼맨의 모습에 반해서 나도 극장에서 여러 번 관람했다.

내가 운동을 시작한 것은 슈퍼맨이 되기 위함은 아니었다. 체중을 감량하기 위해서 운동을 시작했다. 당뇨 판정을 받은 이후로는 살기 위한 목적이 추가됐다. 운동이 귀찮은 생각이

들 때면 살아야 한다는 간절한 마음으로 운동화의 끈을 묶었다. 날씨 등의 방해 요소를 막기 위해 헬스 정기 회원권을 끊고 꾸준히 출석했다. 방해받지 않기 위해서 운동 시간을 새벽으로 옮겼다. 새벽으로 운동 시간을 옮긴 것은 변수를 줄이기 위해서다. 저녁에 운동할 때는 여러 가지 변수로 인해 꾸준히 운동하기가 어려웠다. 야근하는 날에는 운동을 갈 수 없었다. 갑자기 저녁 약속이 생기면 헬스장에 갈 수가 없었다. 한두 번씩 빠지게 되면 루틴이 몸에 익숙해지기가 어렵다.

운동 시간을 새벽으로 옮긴 뒤에 모든 문제가 해결됐다. 출근 전에 운동하기 위해서는 평소보다 일찍 일어나야 했다. 자연스럽게 미라클 모닝 루틴으로 이어졌다. 새벽 시간은 많은 장점이 있다. 새벽에는 갑자기 약속이 생길 걱정이 없다. 전화가 올 가능성도 거의 없다. 오롯이 운동에 집중할 수 있다. 새벽 운동을 시작한 지 10년이 넘었다. 10년 동안 해온 루틴은 다음과 같다. 근력 운동 30분 + 유산소 운동 1시간의 도합 1시간 30분의 운동 루틴을 지키고 있다. 운동이 끝나면 찬물로 샤워한다. 사무실로 가는 발걸음이 가벼울 수밖에 없다. 일주일에 많게는 5번, 적어도 3번은 헬스장으로 가서 땀을 흘렸다.

특별한 일이 없는 이상 운동 루틴을 꾸준히 지킨 결과 체중을 꾸준하게 유지했다. 식단 조절을 하지 않은 상태에서 운동만으로 해낸 일이다.

운동을 꾸준하게 유지하면 체력이 강해진다. 체력이 강해지는 만큼 자신감도 늘어난다. 글에도 자신감이 묻어 나온다. 내가 뒤늦게 글을 쓰기 시작했음에도 불구하고 2년 동안 꾸준하게 글을 쓸 수 있었던 것은 운동 루틴이 든든하게 받쳐준 덕분이다. 체력이 받쳐주지 않는다면 글을 꾸준히 쓸 수 없었다. 반복된 운동은 집중력 강화에도 도움이 된다. 운동을 하는 도중에 땀을 흘리게 되면 복잡한 생각이 정리되기도 한다. 샤워하는 동안 좋은 아이디어가 생각나는 경우도 있다. 새벽 글쓰기 루틴이 빠르게 자리를 잡은 것도 운동 루틴 덕분이다. 운동을 위해 일어나는 시간 앞에 글쓰기 루틴을 추가했다. 새벽에 운동하고 있었던 덕분에 새벽 기상에 큰 부담을 갖지 않았다.

운동 루틴과 글쓰기 루틴을 꾸준하게 지키게 되자 술 모임이 크게 줄어들었다. 그전까지는 운동으로 얻은 에너지를 지인들과 술을 마시는 데 사용했다. 에너지 낭비였다. 글쓰기를 시작한 뒤로는 운동으로 얻은 에너지를 글쓰기와 독서에 사용할 수 있게 됐다. 이제야 제대로 에너지를 사용할 수 있게 됐다. 운동으로 얻어진 체력이 도움이 된 것은 글을 쓰는 것만이 아니었다. SNS 팔로워를 빠르게 늘리고 전자책을 7권을 쓸 수가 있었던 것도 운동으로 얻어진 체력 덕분이다.

체력이 강해지면 많은 부분에서 도움이 된다. 정신력이 강해진다. 집중력도 좋아진다. 전날 안 좋은 일이 있었더라도 새벽 루틴을 수행하고 나면 전날의 안 좋은 기억은 사라지고 긍정적인 생각으로 가득 찬다. 좋은 점이 또 하나 있다. 새벽에 일어나려면 전날 잠을 일찍 자야 한다. 삶의 질은 수면 시간에 달려 있다. 수면 시간이 부족하면 삶의 질이 크게 떨어진다. 운동만큼 중요한 것은 충분한 수면 시간이다. 사람에게 행복감을 주는 세로토닌serotonin은 새벽 시간에만 생성되는 귀한 호르몬이다. 세로토닌은 수면, 체중조절, 학습, 기억, 사회적 행동 등 다양한 생리적 과정에 관여하는 호르몬이기에 세로토닌이 부족한 사람은 쉽게 피로를 느끼고 성격이 날카로워진다.

호르몬이 제대로 생성되기 위해서는 깊은 잠을 자야 한다.

젊을 때는 몸 안에 충분한 호르몬이 생성되어 있기 때문에 숙면의 영향이 적은 편이다. 문제는 나이를 먹은 이후에 발생하게 된다. 나이를 먹으면 먹을수록 몸 안의 좋은 호르몬들이 줄어든다. 호르몬은 충분한 수면을 통해서만 보충할 수 있다. 수면이 불안정한 사람들이 평소에 공격적인 말투와 행동을 보이는 것도 이 때문이다. 반복적인 운동은 사람의 몸에 도움이 되는 호르몬을 활성화한다. 운동을 꾸준히 하게 되면 숙면하는 데 도움을 준다. 정해진 시간에 운동을 반복하는 루틴은 불규칙한 생활 습관을 방지하는 효과가 있다. 불규칙한 생활 습관은 루틴의 가장 큰 적이다. 운동도 불규칙하게 실행하게 되면 원하는 효과를 얻지 못한다. 운동 루틴은 나를 살린 것뿐만이 아니라 규칙적인 생활 습관을 만드는 데 큰 도움이 됐다. 지금도 운동 루틴을 멈추지 않는 것은 장점이 너무나 많기 때문이다.

지금이라도 늦지 않았다. 가벼운 운동이라도 좋다. 하루에 10분 만이라도 운동에 투자하라. 운동은 꾸준히 해야 효과를 볼 수 있다. 처음에는 고통스럽다. 항상 시작이 어렵다. 시작과 동시에 찾아오는 고비를 넘겨야 한다. 초반부의 고비만 넘기면 몸이 가벼워지는 것을 느낀다. 꾸준한 운동은 잠을 잘 때도 도움이 된다. 잠을 푹 자면 몸이 가볍게 느껴진다. 숙면하는 날이 늘어날수록 몸이 점점 건강해진다. 예전에는 계절이 바뀔 때마다 감기나 몸살로 고생했었다. 새벽 운동을 시작한 이후로는 감기에 걸리는 일이 크게 줄어들었다. 무서운 코로나도 비켜 갈 수 있었다.

건강한 삶을 위해서는 당신에게 맞는 운동 루틴을 설계해야 한다. 어떤 일을 하건 간에 기본적인 체력은 반드시 필요하다. 많은 시간과 에너지를 소비해 가며 무리하게 운동하라는 의미는 아니다. 몸에 무리를 주지 않는 간단한 운동이라도 꾸준히 하면 효과를 본다. 운동이 몸에 익숙해지기 시작하면 조금씩 운동 시간과 강도를 늘리면 된다. 운동 효과를 몸으로 체감하게 되는 순간부터 인생이 달라진다. 운동 시간만 되면 운동화를 신고 밖으로 달려 나가는 자신을 발견한다.

03
운동은 강도가 아니라 빈도다

당신이 성공하려면 마법의 물약이 필요하다. 그것은 다름 아닌 당신에게 무의식적으로 영향을 미치는 독서, 일기 쓰기, 세미나 참석, 산책과 운동이다. 이 약들은 어려운 상황이 닥칠 때마다 당신을 구원할 것이다.

- 보도 섀퍼

 행복은 강도가 아니라 빈도라는 말이 있다. 지금 당장 이루기 힘든 큰 행복을 기대하는 것보다는 손만 뻗으면 닿을 수 있는 작은 행복을 자주 맛보는 편이 오히려 행복지수가 더 높게 측정된다고 한다. 행복은 크기보다는 횟수에 비례한다. 작은 행복을 많이 맛보게 될수록 우리 삶은 긍정적으로 변한다. 운동도 마찬가지다. 힘이 많이 필요한 무리한 동작보다는 편하게 할 수 있는 작은 동작을 꾸준히 반복해야 한다.

　내가 운동을 시작하게 된 것은 몸 상태가 극도로 안 좋아 졌기 때문이다. 비만으로 인해 일상생활에 문제가 생겼다. 뛰는 것도 아니고 걷던 도중에 미세혈관이 터져 버렸다. 누가 봐도 어이없는 상황이었다. 처음에는 황당해서 말이 안 나왔다. 시간이 흐르고 생각이 정리되자 운동의 필요성을 강하게 느꼈다. 살을 빼자는 의지가 나를 움직였다. 간절한 마음으로 운동을 시작했다. 그전까지는 운동의 필요성을 크게 느끼지 못했다. 헬스장은 나와 인연이 없는 장소라고 생각했었다. 미세혈관 파열 사고 이후로 생각이 바뀌었다. 과감하게 헬스 1년 이용권을 끊었다. 생애 처음으로 가보는 헬스장이었다. 연간 회원권을 끊으면 돈이 아까워서라도 운동을 할 것이라는 기대도 있었다. 회사 근처의 헬스장을 택한 것도 전략이었다. 아무래도 헬스장이 집 가까운 곳에 있으면 이런저런 핑계로 나가지 않을까 하는 걱정이 있었다. 헬스장이 회사 근처에 있으면 출근할 때는 무조건 헬스장 앞을 지나치게 된다. 근처까지만 가도 어떻게든 하게 되는 것이 사람의 마음이다. 마침, 회사에서도 운동 붐이 일어났다. 내가 헬스 정기권을 끊었다고 말하니 다른 직원들도 함께 헬스 정기권을 끊었다. 그중에는 나보다 헬스 경험이 많은 이들도 있었다. 나이도 나보다 어린 사람들이 다수였다.

모든 것이 처음이어서 서툴기만 했던 나와는 달리 젊은 직원들은 겁 없이 달려들었다. 무거운 기구를 들고 트레드밀(러닝머신)을 빠른 속도로 달렸다. 부러운 장면이 아닐 수 없었다. 헬스장이 처음이었던 나는 적응하기에 바빴기 때문이다. 그렇게 시간이 흘렀다. 재밌는 것은 1년이 지난 이후에도 헬스장에 남은 것은 나밖에 없었다는 점이다. 나이가 어리다고 해서, 헬스장 경험이 있었다고 해서 운동을 꾸준히 잘하는 것은 아니라는 것을 깨닫게 됐다. 무리해서 무거운 기구를 들던 직원은 어깨에 근육통이 생기는 바람에 중간에 포기하고 말았다. 트레드밀을 무서운 속도로 뛰던 직원은 어이없게도 발목 인대가 나가는 바람에 운동을 멈추고 말았다. 넘치는 열정과 의욕이 오히려 독이 된 것이다. 떠나간 그들은 헬스장으로 영영 돌아오지 않았다. 그들이 있건 없건 상관하지 않았다. 꾸준히 운동하다 보니 낯설던 기구들도 익숙해졌다. 트레이너의 도움을 받은 덕분에 운동도 체계적으로 할 수 있게 됐다.

　중간에 포기하고 싶은 순간이 없었던 것은 아니다. 새벽 시간으로 운동 루틴을 옮긴 이후로 다른 사람들의 방해는 피할 수 있었다. 비록 새벽 운동에 익숙해졌다고는 해도 나와의 싸움은 여전히 진행 중이다. 운동을 나가기 전에는 항상 마음의 유혹을 이겨내야 한다. 오늘만은 쉬자는 유혹이 끊임없이 밀려온다. 운동에 아무리 익숙해져도 유혹은 멈추지 않았다. 운동 초기에는 운동만 마치면 몸 여기저기서 앓는 소리가 들려왔다. 아침에 일어날 때마다 크고 작은 고통을 참으며 몸을 일으켜야 했다. 신기하게도 헬스장에 들어서는 순간, 조금 전까지 나를 괴롭히던 크고 작은 통증이 싹 사라지는 경험을 한다.

　일반인 중에도 운동으로 인생을 바꾼 사례를 종종 찾을 수 있다. 1944년에 태어난 임종소 할머니는 70세가 넘은 나이에 운동을 시작했다. 70대 후반부터 고강도 웨이트 트레이닝을 시작한 그녀는 대한민국 대표 시니어 보디빌더로 이름을 날리고 있다. 평생 그녀를 괴롭히던 척추관협착증을 이겨낼 수 있었던 것도 고강도의 운동 덕분이다. 그녀는 꾸준한 운동으로 보디빌딩 시니어 비키니 부문에서 우승을 차지하기도 했다. 그녀를 새로운 삶으로 이끈 것은 운동과 시간 관리이다. 운동을 하는 사람들은 시간 관리에도 철저한 사람들이다. 그녀의 일상 역시 다르지 않았다. 매일 아침 6시에 기상하고 끓인 물을 마시며 하루를 시작한다. 오후 5시 이후에는 공복을 유지하고 10시에는 잠에 든다. 그녀는 "운동을 죽을 만큼 싫다고 느끼는 순간 노동이 되어 버린다."라고 말했다. 나와 함께 운동을 시작했던 회사 직원들의 예에서 보는 것처럼 무리한 운동은 오히려 독이 되어 돌아온다. 중요한 것은 꾸준히 하는 것이다.

운동을 꾸준하게 이어가려면 자신에게 맞는 방법을 찾아야 한다. 즐겁게 할 수 있는 방법을 찾아야 한다. 억지로 해서는 오랫동안 유지할 수 없다. 꾸준한 운동은 큰 보상으로 돌아온다. 내가 새벽 루틴을 비교적 쉽게 정착시킬 수 있었던 것도 꾸준한 운동으로 쌓인 체력 덕분이다. 헬스장이 아니어도 운동을 꾸준히 할 수 있는 방법은 많다. 매일 러닝을 하는 것도 좋다. 필라테스나 요가 학원에 다니는 것도 좋은 방법이다. 집에서 하는 홈트레이닝으로도 충분히 체력을 키울 수 있다. 가벼운 산책이나 등산도 체력을 키우는 데 도움이 된다. 무리하게 에너지를 소모하지 않는 자신만의 방법을 찾게 된다면 꾸준함을 유지하는 것이 어렵지 않게 느껴진다. 잘 설계된 운동 루틴은 당신에게 큰 힘을 준다. 지금 당장이라도 가벼운 운동을 시작하라. 운동화를 신고 밖으로 나가서 가볍게 뛰거나 걸어라. 망설여서는 안 된다. 망설일수록 운동은 어렵게 느껴진다. 수많은 핑곗거리가 당신의 다리를 잡고 놔주지 않는다.

2장

글이
쌓였다
- 글쓰기 루틴

04
하루 한 줄이 만든 인생의 기회

어떤 일이든 1~2년 붙들고 노력하면 잘하게 된다. 기타, 게임, 코딩 등 무엇이든 모든 에너지를 쏟아 집중하면서 알맞은 방법으로 충분히 오랜 시간 공을 들여라. 그럼 결국 능숙한 수준에 이른다.

– 알렉스 베커

루틴의 효과를 강하게 느낀 된 것은 글쓰기를 시작했을 때부터다. 블로그를 시작한 덕분에 글쓰기를 시작할 수 있었다. 시작할 때만 해도 지금처럼 꾸준하게 글을 쓰게 될 줄은 몰랐다. 글쓰기를 루틴으로 만들 생각도 없었다. 글감이 떠오를 때만 글을 썼고 떠오르는 생각이 없으면 글을 쓰지 않았다. 가끔 글을 쓰다 보니 글을 쓰기 전과 쓰기 시작한 후의 차이가 거의 없었다. 답답한 일상에서 벗어나기 위해 시작한 블로그였다. 이대로는 안 되겠다는 절박한 마음이 생겼다.

변하기 위해서는 방법을 찾아야 했다. 글쓰기를 통해 변한 사람들이 많다는 말에 글을 꾸준히 쓰기로 마음먹었다. 글을 꾸준히 쓰기 위해서는 루틴이 필요했다. 쓰고 싶을 때 쓰고 쓰기 싫으면 쓰지 않는 방식으로는 변화가 있을 수 없다. 1일 1 포스팅을 시작하게 된 계기다. 매일 포스팅을 하게 되면서 비로소 제대로 된 글쓰기 루틴을 설계할 수 있었다. 매일 글을 쓰기 위해 시간을 정해 놓고 쓰기로 마음먹었다. 글을 쓰기 위해 선택된 시간은 아침이다. 아침을 글쓰기로 열게 되면서 조금씩 변화의 조짐이 보이기 시작했다.

그렇다고 해서 바로 달라진 것은 아니다. 지루한 인내의 시간을 견뎌내야만 했다. 블로그는 여전히 썰렁했고 이웃도 제자리걸음을 하고 있었다. 댓글이라고는 광고성 글뿐이었다. 당시에는 깨닫지 못했었다. 매일 글을 쓰는 루틴을 유지하는 것으로 1%의 성장을 하고 있었음을 말이다. 1일 1 포스팅을 시작했을 때 100일은 무조건 버티겠다는 결심을 했다. 블로그 글을 통해 이웃들에게 공언을 하기도 했다. 공언의 효과는 놀라웠다. 이웃들이 관심을 보이기 시작한 것이다. 조금씩 응원 글이 늘어났다. 하루 발행 글을 1개에서 3개까지 늘렸다. 글을 늘린 만큼 조회 수가 늘어나고 공감 수도 늘어났다. 잠잠하기만 했던 댓글이 폭발하기 시작했다.

목표로 했던 100일이 될 즈음에 블로그 이웃이 5천 명을 넘겼다. 블로그를 시작한 지 1년이 지났을 때는 이웃이 1만 명으로 불어났다. 블로그 운영의 경험을 살려서 인스타그램, X(구 트위터), 스레드 등의 SNS로 활동 영역을 확장했다. 팔로워 수도 눈에 띄게 늘어났다. 전체 팔로워 수가 3만 명을 넘게 됐다. 이 모든 것은 블로그를 시작으로 꾸준하게 글을 올린 덕분이었다. 글쓰기 루틴을 설계하고 실행한 효과를 봤다. 팔로워 숫자는 내가 가지고 있는 SNS 영향력을 의미한다. 블로그 이웃 만 명이 넘었다는 것은 블로그 세상에서 그만큼 이름이 알려진 것이다. 블로그 작가들의 모임에서 나를 알아봐 주는 이웃이 늘어나기 시작했다. 심지어 사인을 요청하는 이웃도 있었다. 아직 종이책을 내지 않은 상황이었는데도 말이다. 함께 사진을 찍자는 이웃도 있었다. 예전에는 상상도 못 했던 신기한 일이 벌어졌다. 글을 쓰기 이전에 나를 아는 사람은 극소수에 불과했다. 이제는 나를 먼저 알아보는 이웃들이 제법 많아졌다. 이웃의 글에서 내 닉네임이 거론되는 일도 부쩍 늘어났다. 누군가가 나를 알아주는 것은 감사하면서도 행복한 일이다. 내 글을 읽고 도움을 받았다는 댓글도 종종 본다. 누군가가 내 글을 읽고 영향을 받는다고 생각하니 즐거운 한편으로 글에 대한 책임감이 생겼다.

블로그 글에서 얻은 자신감으로 시작한 것이 전자책 쓰기다. 전자책은 종이책을 쓰고 싶은 사람들에게 사전 연습의 기회를 준다. 전자책에 비해 종이책을 출간하는 과정은 쉽지 않다. 출판사와 계약을 해야 하고 책의 마케팅에도 신경을 써야 한다. 재고가 많은 경우에는 이에 대한 처리를 고민할 수밖에 없다. 전자책은 재고의 부담이 없다. 출판사와의 미팅 없이 오로지 내 힘만으로 책을 낼 수 있다는 장점이 있다. 지금까지 느낀 감정과 노하우를 전자책으로 옮겼다. 블로그에 쌓아둔 콘텐츠는 전자책을 쓰는 데 큰 도움이 됐다. 지난 1년 동안 7권의 전자책을 쓸 수 있었던 것도 블로그에 꾸준하게 글을 쌓아 놓은 덕분이다. 이렇게 쓴 전자책들은 온라인 서점의 e북 코너에서 베스트셀러에 오르기도 했다. 내가 작가로 불리게 될 줄은 꿈에도 몰랐다. 지금까지 나는 회사 직책이 아니면 부모님이 주신 이름으로 불렸다. 이제는 작가로 불리게 됐다. 전자책도 엄연히 정식 출간물이다. 전자책을 출간하게 되면 네이버 인명사전에 작가로 등록할 수 있다. 작가라는 호칭으로 불리게 되자 지금까지 없었던 자신감과 희망이 생겼다. 작가는 스스로 콘텐츠를 창조할 수 있는 사람이다. 글을 통해 나도 얼마든지 콘텐츠를 창조할 수 있다는 것을 깨닫게 된 것은 큰 수확이다. 글을 쓰게 되자 이제는 할 말이 많아졌다. 자연스럽게 강의로 이어졌다. 강의의 시작은 온라인 줌 강의였다. 사람들을 실제로 만나지 않고 모니터 화면을 통해 강의하는 것은 흥미로운 일이었다. 내가 많은 사람들 앞에서 강의할 수 있다는 것이 신기하게 느껴졌다. 처음에는 어색했던 강의도 익숙해졌다. 이제는 강의를 즐길 수 있을 정도로 성장했다.

글쓰기 루틴은 나의 모든 것을 변화시켰다. 하루 방문자가 채 10명도 안 되던 썰렁한 블로그가 하루 방문자가 300명이 넘는 블로그로 성장했다. 인스타그램과 X, 스레드에서도 많은 팔로워들과 소통하고 있다. 글을 쓰지 않았다면 있을 수 없는 일이다. 루틴은 답답한 일상을 변화시켰다. 잊고 있었던 꿈을 되찾아 줬다. 글을 쓰기 전까지만 해도 우울하고 불안한 일상을 보내던 내가 희망이 가득한 삶을 살게 됐다. 꾸준히 글을 쓰면서 새로운 길을 발견하게 됐다. 앞으로 하고 싶은 일이 많아졌다. 현실이 답답하게 느껴진다면 먼저 글을 쓰는 것을 추천한다. 그것도 매일 쓰는 것을 적극 권장한다. 매일 글을 쓰기 위해서는 글을 쓰기 위한 환경을 만들어야 한다. 루틴은 여러분이 글을 쓰기 위한 환경을 만들어준다. 꾸준한 글쓰기를 통해 자신과 대화 시도하기를 바란다. 지금까지 몰랐던 자신의 본모습을 발견하는 과정이다.

05

글을 쓰며 얻은 인사이트와 성장

독서는 유능한 사람을 만들고, 글쓰기는 유연한 사람을 만들고, 사색은 유연함과 유능함을 겸비한 어른을 만든다.

- 작가 김종원

블로그가 안정화되고 여기저기서 나를 인정해 주는 사람들이 늘어나게 됐다. 이제는 내가 어떻게 성장을 했는지 궁금하게 생각하는 사람들이 늘어났다. 그들은 내게 다음과 같은 질문을 했다.

"글쓰기는 왜 하세요?

"블로그는 어떤 목적으로 시작하셨나요?"

답하기에 앞서 먼저 나에게 물었다.

'난 왜 이렇게 글쓰기를 좋아하게 된 걸까?'

'아침잠을 줄여가며 눈을 뜨자마자 글쓰기를 하는 이유는 무엇인가?'

'바쁜 회사 일을 하는 도중에도 짬짬이 글쓰기 루틴을 이어 가려고 노력하는 이유가 무엇일까?'

글을 쓰는 것은 나다움을 찾아가는 여정이다. 글을 통해 생각을 표현하고 남들에게 보이는 과정에서 그동안 알지 못했던 나를 발견한다. 나 자신과의 화를 통해 얻은 답은 다음과 같다.

'내가 글쓰기를 하는 이유는, 나다움을 찾고 남에게 도움이 되기 위해서이다.'

글을 통해 나는 변했다. 지금까지 방치하고 있었던 나 자신과 대화를 나눌 수 있게 됐다. 나에 대해 예전보다 잘 알게 됐다. 남들의 눈에 비친 내가 아닌 내 본연의 모습을 말이다. 나를 알게 되면 성장이 빨라진다. 여기에서 성장이란 겉으로 보이는 성장이 아니다. 내면의 성장을 의미한다. 진정한 성장의 의미를 깨닫게 되면서 다음과 같은 긍정적 효과를 경험하게 됐다.

첫 번째, 삶을 대하는 시선이 긍정적으로 변했다. 블로그에 올리는 글은 가능하면 긍정적인 내용으로 써야 한다. 부정적인 글은 남들이 읽기에 불편한 감정을 가져오기 때문이다. 긍정적인 글을 쓰려고 노력하는 과정에서 생각이 긍정적으로 변했다. 생각이 긍정적으로 변하니 삶을 긍정적으로 보게 됐다. 행복이란 멀리 있는 것이 아니다. 긍정적으로 생각하면 사소한 일에도 행복을 느낄 수 있다.

두 번째, 실행력이 좋아졌다. 매일 글을 쓰기 위해서는 실행력이 필요하다. 생각을 바로 글로 쓰지 않으면 생각은 금방 사라지기 때문이다. 글쓰기는 글을 쓸 도구만 있다면 어디서든지 할 수 있는 장점이 있다. 생각이 흩어지지 않기 위해서는 메모를 남겨야 한다. 메모를 남기고 글로 옮기게 되면서 과거에는 금세 사라져 버렸던 일들이 이제는 생생하게 기록으로 남게 됐다. 기록은 소중한 글감이 되기도 하고 사업 아이템이 되기도 한다. 생각을 글로 옮기는 행동은 실행력을 크게 키워줬다.

세 번째, 나에 대해 잘 알게 됐다. 생각을 꾸준하게 글로 표현하게 되니 저절로 나에 대해 알게 됐다. 글을 쓰다 보면 거울을 앞에 두고 나 자신과 이야기하는 느낌을 받는다. 나 자신을 바로 보게 된 것이다. 때로는 겁이 나는 일이기도 하지만 스스로와 이야기하는 것은 장점이 많다. 과거에 쌓였던 마음의 상처를 조금씩 보듬어 줄 수 있게 됐다.

　네 번째, 독서의 목적이 달라졌다. 과거에는 취미로 책을 읽었다면 이제는 생존을 위해 읽는다. 지금까지 독서는 취미 이상의 의미가 없었다. 일에 필요한 책 외에는 흥미 위주로 책을 읽었다. 자기소개서를 쓸 때 취미가 독서라고 적었던 것도 독서의 가치를 크게 느끼지 못했기 때문이었다. 독서는 취미의 수단이 되어서는 안 된다. 생존을 위한 독서가 되어야 한다. 책을 읽어도 치열하게 읽어야 한다. 우연히 집어 든 책에 나의 생존을 위한 중요한 정보가 담겨 있을 수 있다. 책을 집어 들었다면 이 안에서 나에게 도움이 되는 정보를 얻겠다는 마음을 가져야 한다. 얻을 것이 없다면 다른 책을 읽어야 한다. 독서는 내가 경험하지 못했던 것을 빠르게 경험할 수 있는 중요한 수단이다. 책이 가진 장점을 최대한 살리기 위해서는 책을 읽는 순간만큼은 한 문장이라도 건지겠다는 마음으로 집중해야 한다.

　글을 꾸준히 쓰게 되면서 마인드에 변화가 생겼다. 글쓰기가 즐거워졌다. 책을 진지하게 읽게 됐다. 실행력이 강화되고 나 자신을 찾게 되었다. 이제야 깨달은 것이 조금은 아쉽다. 조금 더 빨리 알았다면 그만큼 기회가 늘어났을 테니 말이다. 글을 꾸준히 쓸 수 있게 해준 것은 루틴을 제대로 설계했기 때문이다. 책을 읽을 때도 루틴이 필요하다. 아무런 계획 없이 책을 읽는다면 꾸준히 읽을 수 없다. 글과 책을 통해 얻은 인사이트는 이제 내 삶을 크게 변화시켰다. 더 이상 도전이 두렵지 않다. 새로운 일을 앞두고 망설이지 않게 됐다. 아직 글쓰기를 시작하지 않은 사람은 인생을 바꿀 수 있는 열쇠 하나를 잊고 사는 셈이다. 지금이라도 당장 노트 펼치기를 바란다. 당신의 생각을 적어라. 쓸 것이 없다면 책을 읽어라. 책에서 글감을 찾아서 그것을 글로 옮겨라. 내 생각이 담긴 글을 쓰는 것만으로도 당신의 삶은 크게 변화한다.

내가 글을 쓰는 것으로 변화를 경험한 것처럼 당신이 하고 싶은 일이 있다면 원하는 일이 있다면 루틴으로 만들어야 한다. 어떤 일이건 꾸준히 하면 인사이트를 발견한다. 깨달음을 얻는다. 지식은 지혜가 되고 나만의 노하우가 된다. 꼭 글을 써야 한다는 것이 아니다. 좋아하는 일을 먼저 찾기를 바란다. 지금 하는 일에서 즐거움을 찾을 수 있다면 더욱 좋다. 익숙한 일에서 깨달음을 얻는 것만큼 시행착오를 줄여주는 일도 없기 때문이다. 성장은 언제 어디서든 일어날 수 있는 것이다. 포기하지 않고 꾸준히 한다면 당신만의 노하우가 생길 것이다. 깨달음에서 지혜를 얻게 된다. 앞으로 나갈 방향을 찾게 된다.

06
세상에 나를 알리는 글쓰기

스스로 자신의 글이 수준이 낮다고 망설이거나 주저하지 마라. 진심을 담았다면 이미 수준의 굴레를 벗어난 것이니까. 진실로 자신의 이야기를 써라. 그게 매일 자신의 가치를 세상에 알리는 현명한 방법이다.

- 작가 김종원

글에는 진심이 담겨야 한다. 진심이 느껴지는 글은 어디에서나 통한다. 독자들의 공감을 받으려면 진정성은 무엇보다도 중요한 요소이다. 다소 투박한 느낌이 있는 글이라도 글쓴이의 진심이 느껴진다면 독자들은 즐거운 마음으로 읽는다. 겉만 화려하고 내용이 없는 글은 이상하게도 손이 가지 않는다.

다시 읽을 마음이 생길 리가 없다. 진심을 담은 글을 쓰는 것은 어려운 일이다. 내가 쓴 글은 항상 부족하다고 느낀다. 유명 작가들과 비교하면 형편없게 보인다. 그렇지만 이것을 알아야 한다. 모든 작가가 처음부터 멋진 글을 쓸 수 있었던 것은 아니다. 좋은 글을 쓰기 위해서는 많이 써야 한다. 글에 진심을 담으려면 내 글에 대한 확신이 있어야 한다. 자신감이 있어야 한다. 내가 쓴 글을 부끄러워하면 글을 쓸 수가 없다. 남들에게 보일 수도 없다. 혼자만 읽는 외로운 글이 된다. 글은 남에게 보일 수 있어야 의미가 있다. 불특정 다수에게 보일 수 있는 글을 써야 한다.

철학자 니체는 진정성을 가진 글을 쓰라고 강조했다. 심지어 글을 쓸 때는 자신의 피로 쓴 것만을 사랑하라고 말할 정도였다. 이 말은 실제로 자신의 피를 뽑아서 글을 쓰라는 말은 아니다. 그만큼 글에 진심을 담아야 한다는 의미다. 책을 읽다 보면 갑자기 가슴이 울릴 때가 있다. 글을 쓴 작가와 정신적인 교감에 성공한 순간이다. 책을 읽을 때만 그런 것은 아니다. 블로그나 스레드 등에 올라온 글을 읽던 도중에도 머리가 멍해지고 울컥하는 느낌을 받을 때가 있다. 가슴에 와닿는 글을 읽게 되면 글쓴이를 응원하고 싶은 마음이 저절로 들게 된다.

　세상에 나를 알리려면 독자들의 마음을 울리는 글을 써야 한다. 그전에 나부터 감동시켜야 한다. 글 쓴 사람이 감동하지 못하면 독자에게 내 마음을 전하기가 어려워진다. 글을 쓸 때 지나치게 남을 의식하는 글을 써서는 안 된다. 그럴듯하게 보이고 싶어서 화려한 문장을 남발하는 것도 좋은 방법은 아니다. 글을 독자가 쉽게 읽을 수 있어야 한다. 내 뜻을 제대로 전달하기 위해서는 쉬운 언어를 사용해야 한다. 쉽고 편하게 읽는 글일수록 사람들에게 마음을 전하기가 수월해진다. 가치가 있는 글은 쉽게 읽히면서도 내 뜻을 제대로 전달할 수 있는 글이다. 글을 쓰는 과정이 힘들고 괴롭다고 하더라도 계속해서 써야 한다. 내 생각을 담기 위한 노력을 꾸준히 해야 한다.

　글을 꾸준히 쓰게 되면 자신의 본모습을 발견한다. 글쓰기가 어렵다고 해서 나를 찾는 것을 멈추면 안 된다. 포기해서도 안 된다. 단어 하나, 문장 한 줄에 내 생각을 담는 연습을 멈추지 말아야 한다. 내 생각이 글 안에 담겨야 생명력을 갖는 생생한 글이 된다. 생명력을 가진 글은 사람들에게 쉽게 잊히지 않는다.

　〈노인과 바다〉로 유명한 작가 어네스트 헤밍웨이는 평소 강렬한 문체를 즐겨 썼다. 그는 단순한 언어 사용을 통해 자기 뜻을 독자들에게 전달했다. 그는 어떤 글이든 초고는 형편없다는 유명한 말을 남겼다. 그만큼 많이 쓰라는 의미다. 그는 새벽 5시 30분에서 6시 사이에 글을 쓰기 시작해서 오전 내내 글을 썼다. 이른 아침에 글을 쓰는 이유는 아무도 방해받지 않고 머리가 맑을 때 글이 잘 써진다는 것 때문이었다. 매일 500~700단어의 목표를 채울 때까지 그는 멈추지 않았다. 목표 분량을 채우면 그 이상은 쓰지 않았다고 한다. 꾸준한 루틴 덕분에 그는 글에 생명력을 불어넣었다.

　글을 쉽고 편하게 쓰기 위해서 꾸준히 글을 쓸 수 있는 루틴을 설계해야 한다. 내가 새벽에 글을 쓰는 것은 헤밍웨이의 예에서 보듯이 이른 시간에 쓰는 글이 효과가 좋기 때문이다. 모든 사람이 새벽에 글을 쓰는 것이 편한 것은 아니다. 각자에게 맞는 시간과 장소를 찾아서 루틴으로 만들어야 한다. 먼저 글을 쓰기에 편한 시간을 찾아야 한다. 그 시간만큼은 무조건 글을 쓰겠다는 의지를 가져야 한다. 시간이 정해진다면 다음은 장소를 정해야 한다. 사람마다 글을 쓰기 편한 공간이 있다. 카페일 수도 있고 공부방이나 독서실일 수도 있다. 사무실일 수도 있다. 시간에 이어 장소가 정해진다면 정해진 시간과 공간에서는 무조건 글을 쓰겠다는 마음을 가져야 한다.

시간과 공간이 정해졌다면 이제부터는 꾸준히 글을 써야 한다. 글을 쓰는 것은 나를 알리는 것만이 아니라 나를 찾아가는 여행이기도 하다. 매일 글을 쓰며 자신과 대화를 나눌 수 있다. 나와의 대화를 통해 지금까지 모르고 있었던 나의 본모습을 발견한다. 내면의 대화를 통해 자신감을 찾게 된다. 자신을 믿으면 글에도 자신감이 묻어 나온다. 글에서도 에너지가 느껴진다. 생생한 글을 쓸 수 있다. 넘치는 자신감으로 글을 쓰고 책으로 엮어낸다면 작가의 꿈도 그리 멀지 않다. 나도 이와 같은 과정을 통해 책을 쓸 수 있었다. 작가가 된다는 것은 자신만의 콘텐츠를 만들 수 있게 됐다는 것을 의미한다. 글을 쓰는 것은 나만의 콘텐츠를 만드는 일이다. 글쓰기 루틴을 통해 창작의 기쁨을 느껴보길 바란다.

내가 계속해서 글쓰기를 강조하는 것은 글쓰기만큼 루틴으로 만들기 쉬운 것도 없기 때문이다. 그리고 글만큼 세상에 나를 알리기에 편리한 도구도 없다. 많은 기업이 자신들의 브랜드를 알리기 위해서 막대한 금액을 투자한다. 하지만 투자한 금액만큼 만족스러운 결과를 내는 경우는 많지 않다. 하지만 글은 작은 비용으로 세상에 나를 쉽게 알릴 수 있다. 블로그나 인스타그램, 스레드와 같은 SNS에는 지금도 수많은 사람들이 활동하고 있다. 수많은 기업의 마케팅 담당자들이 어떻게 하면 자신들의 브랜드를 알려야 할지 눈에 불을 켜고 SNS를 탐색하고 연구하고 있다. 이런 공간에서 내 글이 인기를 얻는다면 기업에서도 관심을 갖는다. 책을 쓰는 작가라면 SNS라는 공간을 유용하게 사용할 수 있다. 수많은 출판사 담당자가 SNS의 글들을 주의 깊게 보기 때문이다. 내가 이렇게 책을 낼 수 있게 된 것도 블로그를 포함한 SNS에 글을 꾸준히 썼기 때문이다. 꾸준히 쓴 글로 나를 응원하는 팬이 생긴 덕분이다. 글을 잘 쓰고 싶다면, 글로 유명해지고 싶다면 진심이 담은 글을 꾸준히 써야 한다. 생각에만 그치지 말고 글로 써서 남들이 보는 공간에 남겨야 한다. 그것이 바로 콘텐츠가 되고 상품이 된다. 나를 알리는 수단일 뿐만이 아니라 돈을 버는 수단이 된다. 현대 사회는 효율성이 강조되는 사회다. 적은 비용으로 나를 알리고 그로 인해 부를 얻는다면 이것보다 효과적인 방법은 없다. 글을 쓴다고 모두가 성공하는 것은 아니다. 하지만 성공한 사람 중에 많은 수의 사람이 글을 쓰고 있다는 것을 알아야 한다. 성공한 사업가나 기업가들이 자신의 이름으로 책을 내는 것도 그 때문이다. 글을 써야 성공에 가까워진다. 책을 읽는 것만으로는 부족하다. 글을 써야 한다. 그것도 내 진심이 담긴 글을 사람들이 읽기 쉽게 써야 한다.

3장

나를
알렸다
- 온라인 브랜딩 루틴

07

루틴이 브랜드가 되다

명성을 남기려고 급급하지 말라. 그대가 앞선 사람들의 이름을 기억하지 못하듯이 뒤따라오는 사람들도 그대의 이름을 기억하지 않으리니.

-아우렐리우스

사람을 부를 때는 보통 이름을 부른다. 이름은 나를 세상에서 독립된 개체로 인식하게 해준다. 이름이 통하는 것은 일반 세상에서만이다. 온라인 세상에서는 이름보다는 닉네임이 친숙하다. 이름은 겹치는 경우가 많지만, 닉네임은 고유 닉네임을 만드는 경우가 대부분이기 때문이다. 온라인 세상에서는 '검마사'로 불린다. 네이버 블로그에서 내 닉네임으로 검색하면 먼저 프로필이 뜬다. 전자책을 출간한 덕분에 프로필에는 작가로 등록되어 있다. 프로필 아래에는 그동안 내가 쓴 글과 작업한 전자책이 차례로 뜨는 것을 쉽게 볼 수 있다. 신기한 일이 아닐 수 없다.

블로그를 시작했을 때는 지금과 같은 상황을 전혀 상상하지 못했었다. 시작은 그야말로 형편없었다. 글을 올려도 조회 수가 10을 넘지 않았다. 당연히 댓글도 없었다. 소통이 가능한 이웃은 '0'명이었다. '검마사'로 검색하면 검마사라는 절이 가장 먼저 떴다. 그다음으로 뜬 것은 검마산이었다. 검마산은 경상북도 영양군과 경상북도 울진군을 경계를 이루는 산이다. 검마사는 현재 기록에만 남아 있다. 검마산은 여전히 존재하고 있다. 과거의 내 닉네임은 유명하지 않은 절과 산에 밀리는 영향력 제로의 존재였다.

이제는 많은 사람들이 사진을 찍고 사인을 받아 가는 인플루언서 작가로 성장했다. 예전에는 검마사로 검색하면 검마산이 먼저 떴지만, 이제는 검마산은 찾을 수 없게 됐다. 꾸준한 활동 덕분에 검색어에서 절과 산을 밀어낼 수 있었다. 우공이

산이라는 말이 있다. 길이 산으로 막힌 것에 답답해하던 우공이 가족들을 동원해서 산을 옮기려 하자, 신이 산을 옮겨 줬다는 고사성어다. 직접 삽을 들고 산을 옮긴 것은 아니지만, 검색어에서 검마산을 밀어내는 것에 성공할 수 있었다. 이것은 오로지 꾸준함의 힘이었다. 글쓰기와 독서, 운동 등의 루틴을 설계하고 이를 실행하는 모습을 보임으로써 사람들의 관심을 끌어낸 덕분이다.

현대 사회는 퍼스트 브랜딩의 시대이다. 성공을 원한다면 자신을 브랜드화하고 세상에 알려야 한다. 기회는 기다린다고 오지 않는다. 스스로 기회를 만들어내야 하는 시대가 찾아왔다. 과거에는 좋은 회사, 좋은 직업이면 평생 먹고 살 걱정이 없었다. 이제는 회사가 노후를 보장해 주지 않는다. 영원한 직업도 없다. AI의 발전으로 인해 현재의 직업이 언제 사장될지 모르게 되었다. 의학기술의 발전으로 인간의 수명은 많이 늘어났다. 은퇴 이후에도 긴 삶을 살아야 하는 시대가 오고 있다. 은퇴 이후의 삶을 걱정해야 할 시대가 왔다. 모아놓은 자금과 연금이 넉넉하다고 해서 안심하고 있을 수는 없다. 돈이 있다고 행복한 삶은 아니기 때문이다. 남은 생을 즐겁게 보내기 위해서는 평생 해야 할 일이 필요하다.

미래의 풍요로운 삶을 위해서라도 자신을 브랜드화시켜야 한다. 루틴은 나를 알리는 브랜딩이 되었다. 글쓰기 루틴을 설계하고 이를 꾸준히 반복함으로써 사람들에게 내 이미지를 각인시킬 수 있었다. 글쓰기 루틴의 시작은 1일 1 포스팅이었다. 1 포스팅을 시작할 때만 해도 흔한 블로거 중의 한 명에 지나지 않았다. 하루 글 발행량을 3개로 늘리고 1년 넘게 반복하는 모습을 보고 나를 인정하는 이웃이 늘어나기 시작했다. 1일 3 포스팅의 과정과 블로그를 운영하면서 느낀 점과 노하우를 전자책에 담았다. 놀랍게도 주간 베스트셀러에 올랐다. 전자책 중에는 200권이 넘게 팔린 책도 있다.

요즘은 내 닉네임을 알아보는 사람들이 늘어나고 있다. 나를 알아보는 사람이 늘었다는 것은 브랜딩에 성공했다는 의미다. 블로그뿐만 아니라 다른 SNS에서도 인사를 나누는 팔로워들이 늘어나고 있다. 줌 강의를 열면 100명에 가까운 사람들이 내 강의를 듣기 위해 모여들었다. 1시간이 넘는 강의를 듣기 위해 자신의 시간을 쓰는 것은 쉬운 일이 아니다. 그들은 강의를 듣는 것뿐만이 아니라 정성스러운 후기를 블로그와 SNS에 올렸다. 퍼스트 브랜딩의 기본은 내가 아닌 남이 나를 소문내 주는 것이다. 자연스럽게 나를 알리는 것에 성공하게 된 것이다. 나 역시 이웃들이 책을 출간하거나 강의할 때면 책을 구매하고 공유하는 것을 망설이지 않는다. 단순히 도움을 주려는 것만은 아니다. 그들의 책과 강의를 통해 얻는 인사이트가 많기 때문이다. 블로그로 알게 된 이웃들은 치열하게 현재를 살아가는 대단한 사람들이다.

세상에는 글을 잘 쓰는 작가들이 아주 많다. 하지만 자신을 알리는 것에 익숙한 작가는 많지 않다. 우리는 글을 잘 쓰는 것만으로 작가로 성공하기 힘든 시대를 살고 있다. 작가 본인이 자신을 알리는 노력을 멈추면 안 된다. 내가 알리지 않으면 남들은 내가 뭘 하는지에 관심이 없기 때문이다. 블로그 이웃과 SNS 팔로우를 늘리기 위해 노력하는 것도 내가 뭘 하는 사람인지를 알리기 위해서이다. 인스타그램에 수많은 출판사가 등록된 것도 작가들에게 출판사의 존재를 알리기 위함이다. 내가 블로그 이웃 1만 명을 만들기 위해 노력한 것은 책을 쓰기 전에 내 영향력을 키워 놓기 위해서였다. 마케팅에 큰 비용을 퍼붓는다고 해도 사람들은 광고에 큰 관심을 가지지 않는다. 사람들의 호감을 사기 위해서는 먼저 진심이 담긴 소통을 해야 한다. 갑자기 늘어난 이웃은 언제 떠날지 모르는 이웃들이다. 오래도록 소통하며 남아 있는 이웃이야말로 찐 팬이자 찐 이웃이라 할 수 있다.

좋은 책을 썼음에도 불구하고 브랜드 마케팅에 대한 노하우가 부족한 나머지 제대로 홍보도 못 하고 책이 묻히는 경우를 종종 보곤 한다. 미리 SNS 채널을 키워놨다면, 팔로워를 늘려놨다면 조용히 묻히지 않았을 것이다. 홍보에 출판사의 도움을 기대해서는 안 된다. 돈을 쓰는 마케팅은 큰 효과를 보지 못한다. 세상에 자신의 존재를 알리지 못하면 아무도 나를 알아주지 않는다는 것을 명심해야 한다. 나를 알리는 것에 망설여서는 안 된다. 책을 내는 것에만 목적을 두어서도 안 된다. 책을 출간했다면 할 수 있는 최선을 다해서 알려야 한다. 얼굴에 철판을 깔고 알려야 한다. 그래야 힘들게 책을 쓴 의미가 생긴다. 책을 쓰는 것은 고통스러운 과정을 견뎌내야만 한다. 단순히 책을 내기 위해 고통스러운 순간을 참고 견디지 않았을 것이다. 책을 냈으면 많은 사람들에게 알려져야 한다. 내가 얼마나 큰 영향력을 가지고 있느냐에 따라서 책의 판매량도 결정된다. 알리고 또 알려야 한다. 그래야 세상도 나를 인정하게 된다. 세상에 나를 알리는 것, 그것이 바로 온라인 마케팅의 시작이다.

08

꾸준한 기록이 만든 새로운 기회

기록은 단순하다. 매일의 나를 남기는 일이다. 내가 생각하고 겪고 느끼고 만나고 행하는 모든 것을 메모하면 그 메모에서 자신이 어떤 가치를 중요히 여기는지가 드러난다. 그것을 정리해 남기는 것이 바로 기록이다.

– 김익한

온라인 글쓰기의 장점은 모든 활동이 기록으로 남는다는 점이다. 블로그를 시작으로 SNS에 글을 꾸준히 올리는 루틴을 만들게 된 것도 이와 같은 장점을 활용하기 위해서다. 과거에는 지나가 버리면 그만이었을 일들이 이제는 생생하게 기록으로 남게 되었다. 과거 글을 읽으면 그 당시의 기억이 생생하게 떠올릴 수 있다. 블로그에 글이 쌓일수록 과거에 썼던 글에서 인사이트를 받는 일이 늘어나고 있다. 기록은 시간이 흐를수록 효과가 커진다. 과거의 기록은 세상에 나를 알리는 좋은 증거다. 내가 쓴 글이 나를 알리는 명함 역할을 하고 있다. 블로그를 포함한 SNS 남긴 내 글은 나를 증명하는 증거가 되고 있다.

현대 사회에서 인플루언서가 막강한 힘을 발휘하는 것도 그들이 쌓아 놓은 콘텐츠 덕분이다. 사람들은 과거의 기록과 행적에 신뢰를 갖는다. 신뢰는 곧 팬심으로 이어지게 된다. 미국 유튜버인 제임스 스티븐 도널드슨은 2025년을 기준으로 구독자 수가 4억 명이 넘는다. 세계 유튜브 채널 중에서 유튜버로서 전체 구독자 수 1위의 대단한 유튜버이다. 그의 유튜브 채널명은 미스터비스트이다. 그의 영상에 들어가는 10초 광고료가 약 40억 정도로 추정될 정도다. 그의 성공이 짧은 시간에 이뤄진 것은 아니다. 그도 처음에는 유튜브 조회 수가 천 단위밖에 안 나오는 이름 없는 유튜버에 불과했다. 그의 성공은 자신만의 독특한 콘텐츠를 만들어 올리면서 시작된다. 예를 들면 '전자레인지 안에 전자레인지 돌리기', '0부터 100,000까지 세기'와 같은 영상들이다. 여러 가지 기발한 콘텐츠를 하면서 엄청난 성장세를 탔다. 꾸준함은 이처럼 큰 힘을 가지고 있다.

지금 이 시간에도 많은 사람들이 유튜브 스타를 꿈꾸며 수많은 영상을 올리고 있다. 아쉽게도 대부분의 사람이 실패를 경험한다. 세상은 그리 호락호락하지 않기 때문이다. 온라인에서 스타가 되려면 꾸준함이 필요하다. 아무리 재능이 넘치는 사람이라도 꾸준함이 없다면 금세 대중의 기억에서 잊히게 된다. 꾸준히 콘텐츠를 쌓다 보면 그중에서 반응이 터지는 것이 나오게 된다. 언제 어떤 것이 터질지는 아무도 알 수 없다. 그렇다고 해서 포기해서는 안 된다. 중간에 포기하게 되면 아무것도 남는 것이 없기 때문이다.

미국의 기술 저널리스트인 케빈 켈리는 "창작자가 연간 100달러를 지불하는 팬 1,000명을 확보하게 되면 충분히 생계를 유지할 수 있다."라고 말했다. 한 달에 1만 원을 나를 위해 쓸 수 있는 팬 1,000명을 확보하게 되면 이후로는 일에 귀속되지 않고 창작활동을 마음껏 할 수 있다는 의미다. 아무리 1만 원이 큰돈이 아니라고 해도 나를 위해 기꺼이 돈을 지불할 수 있는 팬을 확보하는 것은 쉬운 일이 아니다. 자발적으로 내 콘텐츠를 구입하고 추천해 주는 열성팬을 확보하기 위해서는 꾸준한 활동이 바탕이 되어야 한다. 팬들은 결과보다도 과정을 중시한다. 창작자가 평소에 얼마나 노력하고 있는지를 많은 사람들이 매의 눈으로 바라보고 있다.

내게 온라인 브랜딩의 필요성을 실감하게 해준 것은 블로그를 통해 알게 된 자기 계발 모임인 더 퍼스트에서였다. 더 퍼스트의 운영자는 부아c라는 닉네임을 가진 블로거였다. 그는 이미 몇 십만의 팔로워를 가지고 있는 인플루언서였다. 〈부의 통찰〉, 〈부를 끌어당기는 글쓰기〉 등의 책을 쓴 작가이기도 했다. 그는 독특한 방식으로 정보를 제공했다. 그가 알려주는 노하우는 따라 하는 것만으로 성공을 보장하는 것이 아니었다. 자신의 방법을 무조건 따르라는 것도 아니었다. 자유로운 분위기에서 각자의 장점을 살리는 방법을 택했다. 인플루언서의 시작은 블로그를 포함한 SNS의 이용 방법을 숙지하는 것이었다. 그전까지는 블로그밖에 몰랐던 내가 어느덧 인스타그램과 X, 그리고 스레드로 활동 영역을 넓혔다. 더 퍼스트에서는 왜 SNS 활동을 해야 하는지에 대한 이유를 알려줬다.

시간이 흐르면서 더 퍼스트 수강생들 사이에 변화가 일어나기 시작했다. 어떤 이는 누구보다도 과감한 행동으로 종이책 작가가 되었다. 어떤 이는 빠른 속도로 팔로워를 늘려서 짧은 기간에 수십만 팔로워를 가진 인플루언서가 되었다. 글뿐만이 아니라 영상에 두각을 보이는 이도 있었다. 1년의 수강을 마친 이후 많은 리더가 탄생했다. 눈으로 보이는 성과뿐만이 아니었다. 앞으로 갈 방향을 정하고 과감하게 기존에 하던 일을 그만두고 새로운 도전을 시작한 이들도 있었다. 독서 모임과 같은 각종 챌린지로 영향력을 넓히는 이웃도 생겼다. 누가 시켜서 한 일은 아니었다. 부아c도 정답을 제시하지 않았다. 그는 정답을 주는 대신 자신의 노하우를 아낌없이 나눠줬다. 강의를 통해 얻은 정보와 지식을 어떻게 활용할지는 각자의 몫이었다.

내가 선택한 것은 천천히, 그리고 바닥을 다지며 가는 방법이었다. 바로 종이책 작가로 데뷔하기보다는 블로그와 SNS에 꾸준히 콘텐츠를 쌓으며 전자책을 먼저 쓰는 전략을 택했다. 줌 강의와 챌린지를 통해 영향력을 조금씩 늘렸다. 전자책을 쓰며 책 쓰기의 감각을 익혔다. 나만의 모임과 콘텐츠도 만들어냈다. 주기적으로 블로그 이웃을 소개하는 콘텐츠는 검마사의 이웃을 소개하는 의미를 가진 '검이소'라고 이름을 붙였다. 시즌별로 30명에서 40명의 이웃을 소개했다. 지금까지 소개한 이웃만 해도 280명이 넘는다. 내 소개 덕분에 갑자기 이웃 신청이 늘었다는 감사의 댓글을 받을 때마다 뿌듯함을 느낀다.

이웃들과 1대1 혹은 1대 다수의 상담 서비스도 개발했다. 상담 서비스의 명칭은 '검상소'이다. 검마사의 상담사무소의 줄임말이다. 이 서비스는 이웃들과 대화 도중에 탄생하게 된 콘텐츠이다. 블로그 운영뿐만 아니라 글쓰기에 대해 궁금한 점도 알려준다. SNS를 어떻게 활용해야 할지도 알려준다. 상담 방법은 직접 이웃을 찾아가서 만나거나 온라인 줌 서비스를 이용해 상담하고 있다. 좀 더 많은 이웃에게 서비스를 제공하기 위해 상담용 홈페이지를 개발 중이다.

현재 가장 활발히 활동하고 있는 것은 100일 챌린지이다. '검백챌'이라 이름 지은 챌린지는 작년 8월에 시작한 뒤로 1년째 성황리에 진행 중이다. 챌린지의 규칙은 아주 간단하다. 100일 동안 간단한 도전과제를 정하고 매일 인증하는 시스템이다. 챌린지의 목적은 단 하나다. 100일 동안 하루도 빼놓지 않고 인증함으로써 꾸준함을 기르는 것이다. 이는 루틴으로 이어지고 있다. 처음에는 무료로 시작했지만, 현재는 참가비를 받고 있다. 검백챌 덕분에 루틴을 만들게 됐다는 후기를 읽을 때마다 뿌듯함과 보람을 느낀다. 이렇듯 다양한 콘텐츠의 운영을 통해 내 이름을 블로그를 비롯한 온라인 세계에 널리 알렸다.

온라인은 오프라인에 비해 상대적으로 작은 비용으로 나를 알리는 기회의 땅이다. 사업을 하고 싶다면 먼저 온라인에서 자신의 기반을 만들어 놓는 것을 추천한다. 비용이 크게 발생하지 않으니, 시행착오를 겪더라도 큰 부담이 되지 않는다. 과감한 시도를 마음껏 해볼 수 있는 것이다. 장사를 계획하고 있다면 온라인으로 먼저 알리는 것도 좋은 시도라 볼 수 있다. 책을 쓰는 중이라면 먼저 SNS에서 나를 알려야 한다. 책만 내놓게 되면 홍보가 쉽지 않다. 아무리 돈을 써서 마케팅해도 효과는 미미할 것이다. 이제는 작가 스스로가 알려야 하는 시대가 되었다. 출판사는 기본적인 도움만을 제공할 뿐이다. 성공한 작가들은 글을 잘 쓰는 것뿐만 아니라 자신을 알리는 것에 익숙한 사람들이다. 인스타그램의 릴스와 피드, 유튜브의 쇼츠 영상을 이용해 자신의 존재를 끊임없이 대중에게 노출한 사람들이다.

2024년에 〈고전이 답했다〉로 교보 문고 베스트셀러 작가의 반열에 오른 고명환 작가는 개그맨 출신이라는 특이한 이력을 가지고 있다. 그는 개그맨에서 시작해서 이제는 사업가이자 작가로서 성공 가도를 달리고 있다. 그는 매일 아침 유튜브를 통해 긍정 확인 영상을 올렸다. 책에 쓴 내용은 그가 평소에 하던 이야기들이다. 대중들은 매일 아침 올라오는 그의 쇼츠 영상을 보며 호감을 키웠다. 그의 책이 나올 때마다 베스트셀러에 오른 것은 평소에 자신을 알리는 것을 열심히 했기 때문이다. 그의 강의가 있는 날에는 팬들이 구름같이 몰려든다. 단순히 책을 내는 것에만 만족했다면 지금과 같은 폭발적인 반응을 얻지 못했다.

책을 내고 싶다면, 사업을 하고 싶다면 자신의 본진을 먼저 만들어야 한다. SNS가 소모적인 것만은 아니다. 생산적으로 이용하면 막강한 힘을 발휘할 수 있는 것이 SNS이다. 효과적인 활용을 위해서는 먼저 자신이 가장 편하게 느끼는 플랫폼을 찾아야 한다. 나는 블로그가 가장 편하게 느껴졌기에 블로그를 본진으로 삼았다. 글쓰기 루틴의 본진이 블로그인 이유도 여기에 있다. 블로그를 하라는 것은 아니다. 영상이 편하게 느껴지는 사람은 유튜브 쇼츠나 인스타그램 릴스를 통해 자신을 홍보하는 것도 좋은 방법이다. 짧은 글이 편하다고 생각하는 사람은 X나 인스타그램 피드를 이용하라. 감성적인 글이 좋다면 스레드를 이용하는 것도 좋은 생각이다. 편하게 느껴지는 플랫폼을 찾는 데 성공했다면 이제부터는 꾸준하게 콘텐츠를 올려야 할 차례이다. 정해진 시간에 매일 콘텐츠를 올리는 루틴을 설계하고 실행에 옮겨야 한다. 하루라도 거르지 않겠다는 각오를 해야 한다. 그래야 이른 시일 안에 나를 사람들에게 알릴 수 있기 때문이다. 발행 숫자는 많을수록 좋지만, 초기에는 하루라도 빠뜨리지 않는 모습을 보여야 한다. 익숙해졌을 때 양을 늘려도 된다.

세상은 빠르게 변하고 있다. 대중의 취향도 하루가 다르게 변하고 있음을 알아야 한다. 대중의 선호하는 것을 알아내려면 SNS를 소홀히 해서는 안 된다. 최신 유행을 빠르게 반영하는 것이 SNS이기 때문이다. 단순히 재미로만 SNS를 이용하는 시대는 지나갔다. SNS 이용자는 앞으로, 창의적으로 콘텐츠를 이용하는 생산자들과 단순히 재미로만 이용하는 소비자들로 나눠진다. 이는 챗 Gpt로 대표되는 AI 분야에도 적용된다. AI를 누가 더 효율적으로 이용하느냐에 따라 미래의 성패가 결정된다. 남의 시선에 신경 쓸 여유는 우리에게 없다. 자신이 나아갈 길은 스스로 찾아야 한다. 당신만의 콘텐츠를 만들고 꾸준히 올릴 수 있는 루틴을 설계하라. 이제는 노력만으로는 부족하다. 올바른 방향을 찾아서 최신 기술을 접목해야 한다. 꾸준히 쌓아 올린 콘텐츠는 당신의 미래를 성공으로 이끈다.

09
브랜딩은 나를 알리는 것에서 시작이다

당신이 다른 사람이 원하는 바를 성취하도록 충분히 도와준다면 당신도 당신의 인생에서 원하는 바를 모두 성취할 수 있을 것이다.

- 지그 지글러

블로그를 시작한 지 얼마 되지 않았을 때의 일이다. 가까이 지내던 지인이 모친상을 당하여 장례식에 참석한 일이 있었다. 화장장으로 이동 중에 조문객들과 이야기를 나눌 기회가 생겼다. 이야기 화제는 자연스럽게 현재 하는 일에 대한 것으로 흘러갔다. 각자의 소개가 이어졌다. 내 차례가 되었을 때 잠시 고민했다. 지금까지는 나를 소개할 때 IT 회사를 운영하는 대표라고 소개했었다. 이에 대한 반응은 안 봐도 알 수 있는 것이었다. IT 회사 대표라는 자리는 별로 특이한 직업이 아니었기에 다들 고개를 끄덕이고 넘어갔을 것이다. 왠지 이번만큼은 지금까지와는 다르게 소개하고 싶었다. 당시 나는 1만 팔로워를 넘기고 전자책 3권을 출간한 상태였다. 한창 자신감으로 차오르던 시기였다. 그들에게 "현재 1만 6천의 팔로워를 가진 인플루언서 작가입니다. 부업으로 소프트웨어 개발 회사도 운영하고 있습니다."라고 소개했다. 이에 대한 반응은 기대 이상이었다. 대뜸 내가 무슨 책을 썼는지, 어떤 활동을 하고 있는지에 대한 질문이 쏟아졌다.

대화를 통해 느낀 것은 브랜딩의 힘이었다. 과거의 나였다면 자신을 제대로 어필하지 못했다. 평범한 소개로 인해 사람들의 기억에서 금세 사라질 운명이었다. 인플루언서 작가라고 나를 소개하자 반응은 기대 이상으로 뜨거웠다. SNS가 활발해지면서 인플루언서에 대한 관심이 높아진 덕분이었다. 이제는 나를 설명할 때 네이버에서 검색을 해보라고 말할 수 있다. 닉네임 검마사로 검색을 하면 그동안 내가 해왔던 작업의 결과물들이 주르르 나온다. 많은 사람들이 이용하는 포털

사이트에서 나를 설명하는 공간을 갖고 있다는 것은 대단한 장점이다.

현대 사회는 자기 PR의 시대이다. 자신을 스스로 알리지 못하면 세상의 누구도 나에 대해 관심을 갖지 않는다. 이런 현상은 앞으로 더욱 심해진다. 지금, 이 순간에도 유튜브 쇼츠를 비롯한 각종 영상과 글이 올라오고 있다. 그들의 목적은 자신을 알리기 위함이다. 수많은 사람들이 자신을 알리기 위해 치열하게 고민하는 상황에서 나를 알리는 것은 쉽지 않은 일이다. 다행히도 우리에게는 글쓰기라는 훌륭한 도구가 있다. SNS라는 편리한 홍보 채널도 있다. 아예 시작도 안 한 사람들과 비교하면 우리는 한 걸음 앞서 있다. 마케팅의 중요성을 인지하고 발 빠르게 움직이는 많은 팔로워가 존재한다. 그들은 대중에게 자신의 존재를 각인시키기 위한 콘텐츠를 창조해 내기 위해 수많은 시간을 공들이고 있다. 우리는 그들만큼은 못 해도 꾸준함으로 자신을 알릴 수 있다. 매일 반복하는 루틴은 우리를 세상에 알린다.

기회는 스스로 만들어 가는 것이다. 퍼스널 브랜딩은 나를 알리는 것부터 시작해야 한다. 처음 보는 사람들에게 얼굴이 알려지는 낯선 순간을 극복해야 한다. 하면 할수록 익숙해진다. 많이 해보면 손에 익는다. 사람들에게 얼굴이 알려지는 것을 부끄러워해서는 안 된다. 나를 알리게 되면 자연스럽게 내 가치가 올라간다. 내 가치가 올라가게 되면 나의 브랜드가 강화된다. 자연스럽게 영향력이 넓어진다. 영향력이 커질수록 브랜드 평판도 올라간다. 내가 쓴 글이나 책과 같은 콘텐츠의 가치도 높아진다.

지금까지 제대로 된 글을 써본 일이 없었던 내가 책을 쓰기로 마음을 먹을 수 있었던 것도 블로그를 통해 꾸준하게 글을 올렸기 때문이다. 글을 꾸준하게 쓸 수 있었던 것은 글을 쓰기 위한 루틴을 만들었기 때문이다. 먼저 전자책을 쓰고 종이책을 썼다. 종이책은 이제 독자들과 만날 준비를 마쳤다. 아무것도 하지 않으면 아무 일도 일어나지 않는다. 온라인에 글을 올렸기에 책을 쓸 기회를 잡았다. 블로그의 가치가 높아진 덕분에 투고 기획서에 나에 대한 소개를 넣을 수 있었다. 종이책을 위한 초고를 쓰고 출판사 투고 준비를 하면서 느낀 것은 루틴의 고마움이다. 단순히 글쓰기 루틴만으로 여기에 온 것이 아니다. 글쓰기뿐만이 아니라 운동, 독서, 자기 관리, 사람과의 관계 등 삶의 모든 부분에 루틴이 영향을 미치고 있다. 루틴을 통해 자기 관리가 되지 않았다면 일을 하면서 글을 쓰지 못했다. 아직까지 술 모임에 빠져 있었다면 맨정신으로 글을 쓰지 못했다. 책을 쓰는 고된 과정을 이겨내지도 못했다. 작가들과의 모임, 독서 모임, 글쓰기 모임 등을 통해 만난 사람들 덕분에 글을 어떻게 써야 하고 책을 써야 하는지에 대해 배웠다. SNS를 어떻게 활용해야 나를 알릴 수 있는지에 대해서도 배웠다. 이 모든 것들은 학교나 회사에서 알려주지 않는 것들이다.

이 모든 루틴을 통해 나는 변했다. 꾸준함을 브랜드로 삼아서 세상에 내 존재감을 알렸다. 1일 1 포스팅으로 시작된 작은 행동이 몇만 명의 팔로워를 만들고 SNS로 활동 영역이 넓어졌다. 어느 플랫폼이건 간에 이제는 내가 글을 올리면 알아봐 주는 팔로워들이 생겼다. 단 한 개의 플랫폼만 사용하는 팔로워는 거의 없다. 이제는 멀티 플랫폼의 시대다. 내 팬을 만들기 위해서라도 다양한 플랫폼에서 꾸준하게 나를 알려야 한다. 그것이 바로 경쟁력이고 영향력이다. 비싼 돈을 들여가며 광고하는 것보다, 온라인 공간에 조금씩 나만의 콘텐츠를 쌓는 것이 효과적이다. 그들이 나를 응원하고 도움을 주는 만큼 나 역시 그들을 홍보하는 것에 인색하지 말아야 한다. 서로를 돕고 서로를 끌어 준다면 모두가 함께 성공하는 것이 온라인 세상이다.

4장

함께
성장하다
- 챌린지 루틴

10

다른 사람들의 성장을 돕는 챌린지

인간에게 가장 필요한 능력은 친구를 만드는 능력이다. 즉, 상대방이 가진 최대의 장점을 찾아낼 수 있는 능력이다.

- 데일 카네기

때로는 인간들과의 관계에서 얻는 스트레스로 인해 상처를 받는 일이 있다. 사람과의 관계는 항상 어렵다. 다행스러운 것은 상처보다는 도움을 받을 때가 많다는 점이다. 서로를 응원하는 힘은 우리가 생각하는 것 이상의 큰 힘을 발휘한다. 루틴을 혼자의 힘으로 유지할 자신이 없다면 모임을 만들거나 챌린지를 시작하는 것도 좋다. 함께 하게 되면 혼자 하는 것보다는 성공 확률이 높아진다. 비슷한 목적을 가진 사람들이 같은 방향으로 뛰게 되면 든든함을 느낄 수 있다. 혼자서는 느끼지 못했던 에너지가 느껴진다. 마라톤 대회에 참가해 보면 연습 때보다 대회 당일의 기록이 좋게 나오는 경우가 많다. 이는 결승점을 향해 함께 뛰는 동료들이 있기 때문이다. 1위를 노리지 않는 이상 모두가 친구이고 동료들이다. 비록 말을 나누며 소통하는 것은 아니지만, 함께 있는 것만으로도 서로에게 힘이 된다.

 2년이 넘게 글쓰기 루틴을 유지할 수 있는 것도 이웃들의 도움 덕분이었다. 루틴이 자리를 잡기 전까지는 많은 어려움을 겪었다. 매일 꾸준하게 루틴을 지키는 것은 쉬운 일이 아니었다. 인간의 의지는 상황에 따라서 너무도 쉽게 변한다. 나라고 해서 다른 이들과 다르지 않았다. 많은 계획이 실패로 돌아간 것은 의지력을 너무 믿었기 때문이었다. 자신을 믿는 것은 좋은 일이다. 그렇다고 너무 맹신해서는 안 된다. 어느 날 갑자기 별것 아닌 이유로 포기할 수 있는 것이 인간의 의지이기 때문이다. 다행히도 글쓰기는 혼자 외롭게 걸어가는 길이 아니었다. 내 생각을 이해하고 응원하는 이웃들이 있었다. 힘들 때면 그들의 응원에 힘을 얻었다. 앞서가는 이웃에게 노하우를 배우기도 했다. 포기하지 않고 버티다 보니 루틴이 자리를 잡았다. 이제는 다른 이웃을 도울 수 있는 여유가 생겼다.

블로그 시작 1주년 기념으로 100일 챌린지를 시작했다. 루틴에 익숙하지 않던 시절에 루틴을 만들기 위해서 몇 개의 챌린지에 참여했었다. 챌린지를 통해 배운 것은 내가 가진 정보를 나누는 데 인색하지 말라는 것이었다. 루틴을 지키기 어려워하는 사람들에게 도움이 되고 싶었다. 아무리 간단하고 작은 일이라도 매일 반복하는 것은 어려운 일이다. 혼자 하는 것은 유혹에 흔들릴 가능성이 높다. 나 역시 많은 유혹에 시달려 왔다. 유혹을 이겨낼 수 있었던 것은 이웃들이 함께했기 때문이다.

100일 챌린지를 시작할 때만 해도 목표가 크지 않았다. 루틴을 만들고 싶은 참가자들과 함께 100일 동안 미션을 진행하면서 자신감을 회복하기 위한 목표를 가지고 시작했다. 기간을 100일로 정한 것은 루틴으로 자리 잡기 위해서는 최소 100일이라는 시간이 필요하기 때문이다. 챌린지를 시작하고 한 달이 지나면 어느 정도 몸에 익숙해진다. 하지만 루틴으로 만들기 위해서는 한 달 만으로는 부족하다. 잘되는가 싶다가도 잠시 방심하는 순간 예전 모습으로 돌아가게 된다. 이제 됐다는 느낌을 받았던 것이 100일이었다.

챌린지의 룰은 단순하게 만들었다. 도전 과제 한 개를 정해서 100일 동안 반복하면 된다. 인증은 카카오 단톡방을 이용했다. 처음에는 강퇴 규칙이 있었다. 인증을 3번 빠뜨리면 강제로 퇴장시켰다. 인증 체크는 매일 밤 12시 이뤄졌다. 큰 기대는 하지 않았다. 간단한 챌린지였기에 신청자가 많지 않을 것이라고 예상했다. 마감일이 다가오면서 깜짝 놀라지 않을 수 없었다. 70명이나 되는 이웃이 챌린지를 신청했다. 예상치를 훌쩍 넘은 숫자였다. 도전 과제는 다양했다. 블로그 글쓰기, 필사, 운동, 아침 기상 인증까지 각자가 정한 목표를 향해 100일 동안 쉼 없이 달렸다. 내가 해야 하는 일은 매일 체크를 하는 일이었다. 인증을 하지 않은 날에는 경고 메시지를 보냈다. 챌린지를 진행한 지 한 달 만에 10명이 탈락했다. 그중에는 스스로 포기한 이웃도 있었고 3번 이상 인증을 놓쳐서 강퇴를 당한 이웃도 있었다. 내가 왜 강퇴 대상이냐며 항의성 메시지를 보낸 이웃도 있었다. 다행히 매일 인증 기록을 남기고 있었기 때문에 이웃의 불만을 잠재울 수 있었다. 실수를 한 것은 그 이웃만이 아니었다. 참가자들은 다양한 실수를 저질렀다. 글을 써놓고 인증을 깜빡 잊고 안 한 경우가 가장 많았다. 다른 단톡방에 올리고 챌린지를 했다고 착각한 경우도 있었다. 한 달이 지나고 60일이 다가오면서 탈락자가 또다시 발생했다.

습관을 만들기 위한 고비는 66일이다. 66일을 넘기는 데 성공한 이웃들은 거의 완주에 성공했다. 총 70명이 시작했고 완주를 해낸 사람은 56명이다. 완주율은 80퍼센트였다. 이 중에 단 하루도 거르지 않고 완벽하게 인증에 성공한 이도 32명이나 되었다. 완주한 이웃들에게 뭔가 기억에 남길 선물을 주고 싶었다. 수료증 이미지를 만들어 챌린지 다음 날 전달했다. 하루도 빠뜨리지 않은 사람은 우수상, 1~3번 인증 빠뜨린 사람은 아차상, 한 번만 더 인증을 빠뜨리면 강퇴가 되는 위기에서 버틴 사람은 벼랑 끝 상이라 명칭을 정했다. 단순한 수료증이었음에도 불구하고 많은 사람들이 기뻐했다. 챌린지 완주 후에 쏟아지는 후기들은 100일간의 노력이 헛되지 않았음을 증명해 주는 기쁜 순간이었다.

원래 계획은 단발성 이벤트였다. 한 번만 하고 그만할 생각이었다. 100일이라는 기간 동안 매일 인증을 체크하는 것도 꽤 손이 많이 가는 일이다. 하지만 첫 챌린지를 마무리하고 나니 반응이 너무나 좋았다. 챌린지를 계속해달라는 의견이 빗발쳤다. 블로그에 올라온 후기를 읽다 보니 이대로 그만두는 것은 사람들의 성의를 무시하는 것이란 생각이 들었다. 챌린지를 계속해야 할 명분을 이웃들이 만들어준 것이다. 다음 시즌을 바로 시작했다. 이번에는 입소문을 탄 덕분인지 120명이 넘는 신청자가 몰려들었다. 인원이 늘어나다 보니 첫 시즌 때는 몰랐었던 어려움을 경험하게 됐다. 인증 체크를 하는 시간이 배로 늘어난 것이다. 인증을 빠뜨리지 않기 위해서는 루틴으로 만들어야 했다. 참가자들의 도전 과제를 점심, 저녁, 새벽 이렇게 3번으로 나눠서 체크했다. 매일 자정에 올리던 인증 결과도 새벽 시간으로 변경했다. 새벽 루틴을 꾸준히 이어가려면 일찍 자야 했는데 매일 밤늦게까지 체크를 하다 보니 체력적으로 문제가 생겼기 때문이다.

두 번째 시즌은 120명으로 시작해서 87명이 완주에 성공했다. 시즌 1에 이어 2에도 넘어온 이웃들이 있다. 그들은 시즌

1에서 느낀 효과가 좋았기 때문에 2기도 함께 하고 싶다고 말했다. 100일에 추가로 100일을 더하면 루틴이 좀 더 몸에 붙을 거라는 기대를 한 이웃도 있었다. 이들과 함께하는 200일 동안 많은 것을 느끼고 배울 수 있었다. 참가 인원이 늘어날수록 무료로 진행하는 것은 어렵겠다는 생각이 들었다. 무료로 해줄 수 있는 것에는 한계가 있었다. 이제는 유료화할 시기가 다가왔음을 느꼈다. 유료화를 통해 인증 서비스를 좀 더 고급스럽게 바꾸고 싶었다. 유료화하게 되면 신청자가 많이 빠져나갈 것이라 예상했다. 하지만 이것은 기우에 불과했다. 시즌 3에서도 80명이나 되는 이웃들이 챌린지에 참여했다. 100일의 챌린지가 마무리될 때마다 온라인상에 많은 후기가 쏟아진다. 후기를 읽으며 다음 챌린지에 대한 각오를 다졌다.

현재는 네 번째 시즌을 진행 중이다. 시즌 1부터 함께한 이웃은 거의 1년 가까이 나와 호흡한 셈이 된다. 1년이면 루틴을 넘어 습관화하기에 충분한 기간이다. 루틴으로 만드는 것에 성공해서 감사하다는 후기를 볼 때마다 뿌듯한 생각이 든다. 그들만 성장하는 것이 아니다. 나도 그들과 함께 성장하고 있다. 사람은 함께 할 때 큰 힘을 발휘하게 된다. 서로 끌어당기고 끌어 주면서 시너지 효과를 낼 수 있다. 챌린지를 통해 나와 결이 맞는 이웃을 찾을 수 있었던 것도 큰 수확이다. 모두가 성장하는 길, 이것이 바로 루틴이 가진 힘이자 진정한 의미다.

11

공동체 속에서 성장하는 법

누군가는 성공하고 누군가는 실수할 수도 있다. 하지만 이런 차이에 너무 집착하지 말라. 타인과 함께, 타인을 통해서 협력할 때야 비로소 위대한 것이 탄생한다.

– 앙투안 드 생텍쥐페리

사람은 혼자서 살아갈 수는 없다. 아무리 고독을 즐기는 사람이라 할지라도 어떤 식으로든 남과 관계를 맺고 살아야 한다. 내 주변에 어떤 사람이 있느냐, 내가 평소에 어떤 사람을 만나는가에 따라 삶의 방향이 정해진다. 좋은 사람 곁에는 좋은 사람이 있는 법이다. 반대로 부정적인 성향의 사람 곁에는 비슷한 유형의 사람들로 가득하다. 삶을 행복하게 살아가려면 긍정적이고 밝은 성향의 사람들을 곁에 두어야 하는 것은 당연한 일이다. 문제는 이런 사람들을 찾기가 실제로는 매우 힘들다는 점이다.

얼마 전까지만 해도 내 주변은 부정적인 사람들로 가득했다. 사회에서 만난 사람들은 이기주의적 성향이 강한 경우가 대부분이다. 그도 그럴 것이, 학교를 졸업하고 군대나 사회생활을 경험하게 되면 남을 위하기보다는 자신부터 챙기는 사람들을 만날 수밖에 없다. 이타적인 사람들은 소수에 지나지 않는다. 사회에서 만난 사람들은 대부분 남이 잘되는 것을 배 아파하고 남의 성공을 질투하는 성향의 사람들이었다. 이런 사람들은 자기 계발에 시간을 보내기보다는 쾌락과 유흥에 빠져서 시간을 낭비하는 경우가 많다. 그들과 함께 보낸 과거를 부정하고 싶지는 않다. 당시에는 나도 즐겼었다. 이제야 후회해 봤자 아무 소용이 없다는 것을 잘 알고 있다.

즐거움만을 위해 만난 관계는 습자지와 같은 얇은 정이 있을 뿐이다. 일이 잘 풀릴 때는 그들의 본심을 알 수 없다. 일이 꼬이기 시작하면 비로소 그들의 본성이 드러나게 된다. 진정한 친구였다면 내가 힘든 상황에 부닥쳤을 때 곁에 남아서 힘이 됐을 것이다. 잘될 때만 옆에 있고 조금이라도 상황이 어려워지면 조용히 사라지는 이들은 친구라 할 수 없다. 내 인생을 지키기 위해서는 이런 사람들과 거리를 둬야 한다. 이들은 전형적인 기회주의적인 사람들이다. 달면 삼키고 쓰면 뱉는 것에 익숙한 사람들이기도 하다.

주변에 믿을 만한 사람이 없다면 운명을 탓하기에 앞서서 자신에게 문제가 없는지 살펴봐야 한다. 좋은 사람들이 내 곁에 남지 않는다는 것은 나도 모르는 사이에 부정적인 성향을 보이고 있을 수도 있기 때문이다. 부정적인 사람의 곁에 남는 것은 부정적인 사람들뿐이다. 이들은 내게 도움이 되는 사람들이 아니다. 그들도 만나주는 사람이 없기에 남아 있는 것이다. 조금만 힘들다고 해도 금세 등을 돌리고 떠날 사람들이다. 좋은 사람들을 곁에 두기 위해서는 나 자신이 변해야 한다. 남들에게 이용당하지 않으려면 내 중심을 바로잡아야 한다. 남들이 뭐라고 해도 내 길을 걸어야 한다. 내 길에 대한 자신감이 있다면 남들의 훼방에 흔들리지 않는다. 내 성공을 진심으로 바라는 이는 많지 않다는 것을 알아야 한다. 대부분의 사람은 그저 술 친구, 놀이 친구가 필요하기에 연락하는 것이다.

과거에는 안타깝게도 남의 의견에 쉽게 흔들렸다. 자신감과 자존감이 낮았다. 중심을 바로 잡지 못한 탓에 남의 눈치를 보며 살아야 했다. 정신을 차리게 된 것은 루틴을 설계하고 실행한 이후부터였다. 새벽에 글쓰기를 시작하면서 변화가 시작됐다. 새벽 글쓰기를 하기 전까지는 운동 외에는 제대로 된 루틴이 없었다. 일하는 것 외에는 평소에 제대로 된 일정이 없다 보니 사람들이 부를 때마다 나가야 했다. 주말에도 쓸데없는 모임에 참석하는 일이 잦았다. 그때만 해도 나를 불러주는 것에 대해 고맙게 생각했었다. 이제 와서 생각해 보면 내게는 전혀 도움이 안 되는 일이었다. 글을 쓰는 것을 시작으로 매일 반복하는 루틴을 만든 이후에는 술 모임이 자연스럽게 줄어들었다.

루틴을 자리 잡게 되면서 환경에도 변화가 시작됐다. 글쓰기와 독서 시간이 늘어나고 사람들과 어울리는 시간이 줄어들었다. 술자리에 자주 참석하지 않았더니 술친구들이 떠났다. 빈자리를 글 친구들이 채웠다. 루틴을 지키지 않았다면 평생 만날 일이 없던 사람들이다. 술 없이도 친구가 늘어났다. 오프라인에서 만나지 않더라도 온라인에서 소통이 가능한 인연이 늘어났다. 북토크와 같은 책과 관련된 모임에서 온라인 친구들을 만나는 일이 종종 있다. 처음 본 사이임에도 쉽게 친해졌다. 서로의 관심사가 비슷했기 때문이다. 만난 지 몇 분이 안 지났음에도 어색함이 금세 사라졌다. 과거에 알고 지냈던 사람들은 내가 뭔가를 도전하는 모습을 보면 부정적인 말을 꺼내는 사람들이었다. 최근에 알게 된 글 친구들은 그들과 달랐다. 부정적인 말 대신 응원을 해줬다. 친구들의 응원을 받으며 자신감이 상승했다.

글을 쓰고 글과 관련된 루틴을 만들고 유지하다 보니 이타성에 대해 눈을 뜨게 됐다. 남을 위하는 것은 나를 위하는 길이다. 예전에는 이 말의 의미를 이해하지 못했다. 어떻게 남을 돕는 것이 나를 돕는 것인지 고개를 갸웃거리게 했다. 이제는 그 의미를 깨달았다. 자신만을 생각하는 삶에서는 진정한 행복을 느끼기가 어렵다. 남과 함께 잘될 때 행복은 몇 배로 커진다. 내가 먼저 좋은 사람이 되면 주변에 좋은 사람들이 몰려든다. 좋은 기운은 더 좋은 기운을 끌어당기기 때문이다.

사람은 누구나 성공을 꿈꾼다. 우리가 땀을 흘리며 노력하는 것도 꿈을 이루기 위해서다. 쉬고 싶은 것을 참고, 힘든 상황에서 악으로 깡으로 버티는 것은 성공한 미래를 꿈꾸기 때문이다. 노력하는 과정에서 비교 대상으로 떠오르는 것은 주변의 사람들이다. 때로는 경쟁자이기도 하고 때로는 동료이기도 한 그들은 내 삶에 직간접적으로 영향을 미치는 이들이다. 나보다 몇 걸음 앞에서 걸어가는 사람들이 있을 수 있다. 내 뒤에서 나를 넘어서기 위해 열심히 노력하는 사람도 있다. 혼자의 힘으로 끝까지 갈 수는 없다. 주변 상황도 가끔은 신경을 써야 한다. 인생은 혼자 살아갈 수 없기 때문이다. 여기서 조심해야 할 것은 주변 상황을 너무 의식하는 것이다. 나보다 잘하는 사람을 지나치게 신경 쓰게 되면 현재 하는 일에 집중하기가 어려워진다. 내 페이스를 유지하기 어렵게 된다.

비교에 큰 의미를 둘 필요가 없는 것은 사람마다 각자의 속도가 있기 때문이다. 앞서가는 사람도 뒤에서 따라오는 사람도 각자의 속도에 따라 움직이고 있다. 나도 내가 가진 속도대로 움직이고 있다. 앞에 가는 사람들이 많다고 해서 포기해서는 안 된다. 아직 내 전성기가 오지 않았을 수도 있다. 참고 버티다 보면 눈앞이 밝아지면서 제대로 속도를 내는 시기가 반드시 온다. 현재 남들보다 뒤처졌다고 하더라도 포기하지 말아야 할 이유가 여기에 있다. 내가 최고 속도를 내지 못하는 것은 아직 전성기가 오지 않았기 때문이다. 앞서가는 사람은 현재 전성기일 수도 있고, 전성기에서 조금씩 내려오는 중일 수도 있다.

최고의 속도를 내는 시기는 사람마다 다르다. 결과를 의식하게 되면 현재 상황을 제대로 인식하기가 어려울지도 모른다. 결과에 집착한 삶은 행복하기 어렵다. 주변 사람들 모두를 경쟁자로 인식하고 외로운 길을 걷는다. 외로운 길은 오래가기 어렵다. 얼마 가지 못하고 지친다. 남을 의식하다 보니 조급함에 시달린다. 조급함은 자신을 망치게 한다.

당신은 강한 사람이다. 이 책을 읽고 있는 당신은 이미 성장할 준비가 된 사람이다. 생각이 없는 사람이라면 이 책을 집어 들지 않았다. 책을 읽고 글쓰기를 하고 있다면 당신은 성장할 준비를 마친 사람이다. 아직 글쓰기를 시작하지 않았다고 걱정할 필요는 없다. 이제부터 시작하면 된다. 나도 50살이 되어서야 루틴에 대해 눈을 떴다. 글쓰기와 운동, 독서를 루틴으로 만들었다. 무엇이든 좋다. 자신에게 도움이 될 만한 행동을 루틴으로 만들어야 한다. 그리고 함께 할 수 있는 사람을 찾아야 한다. 함께 하면 오래 할 수 있는 에너지를 얻는다. 꾸준한 반복을 통해 변화를 느낀다.

달리기의 경우에도 혼자 달린다면 기록이 좋지 않을 가능성이 높다. 함께 뛰는 동료가 있다면 상황이 달라진다. 앞에서 뒤에서 함께 뛰는 사람들이 있다면 자연스럽게 기록이 좋아진다. 우리의 인생도 마찬가지다. 모든 일이 스포츠 경기처럼 반드시 1등을 해야 하는 것은 아니다. 모두가 승자가 될 수도 있는 것이 인생이라는 무대. 경쟁자가 아닌 동료로서 서로를 돕고 이끌어 준다면 도전의 길이 외롭지 않다. 모두가 힘을 합치면 어려움을 맞이했을 때도 극복할 가능성이 높아진다.

1일 1 포스팅을 100일 동안 포기하지 않고 해낼 수 있었던 것도 나를 응원해 준 이웃들이 있었기 때문이다. 아무런 관심도 없이 혼자서 진행했다면 얼마 못 가서 포기하고 말았을 것이다. 이때의 경험을 살려서 100일 챌린지를 시작했다. 매일 인증 글을 올리고 체크를 기다리는 이웃들은 나와 함께 달리는 든든한 동료들이다. 이들이 있기에 나도 쉼 없이 달릴 수 있었다. 내 주변 사람을 믿어라. 도움을 청한다면 최대한 도와야 한다. 내가 모르는 것을 알고 있는 이웃이 있다면 질문을 망설이지 말아야 한다. 우리는 서로에게 도움이 될 수 있는 존재들이다. 인간이 사회를 떠나서 살 수 없는 것도 함께 할 때 큰 힘을 발휘하기 때문이다. 모두의 꿈을 응원한다. 우리는 모두 잘 될 사람들이다. 함께 할 수 있기에 우리는 더욱 큰 힘을 갖는다. 서로를 응원하며 함께 달린다면 모두의 꿈이 현실이 된다.

12

성장을 위해서는 뿌리가 깊고 넓게 뻗어야 한다

인간은 나무가 성장하는 모습과 닮았다. 나무가 밝은 쪽으로 높이 올라갈수록 나무의 뿌리는 점점 강하게 땅속 아래, 가장 어두운 곳을 향해 내려간다.

— 프리드리히 니체

　나무가 비바람을 버텨내려면 뿌리가 깊고 넓게 뻗어야 한다. 우리의 인생 역시 마찬가지다. 성공하기 위해서는 많은 시간과 노력이 필요하다. 수많은 어려움이 우리의 앞을 막아선다. 어려운 상황을 이겨내고 버텨내려면 중심을 단단히 잡아야 한다. 잘 설계된 루틴은 나무의 뿌리처럼 우리의 의지를 단단하게 지켜주는 역할을 한다. 목표가 흔들리지 않기 위해서는 확실한 루틴이 필요하다. 흔들리는 나를 잡아줄 수 있는 것은 작은 행동의 반복이다. 반복되는 루틴 속에서 인생이라는 나무의 뿌리가 깊고 넓게 뻗는다.

각종 챌린지는 의지를 단단히 하기에 좋은 수단이다. 혼자 진행하는 것보다는 함께 해야 많은 인사이트를 얻을 수 있다. 뜻이 같은 사람들이 한곳에 모여 같은 목표를 위해 달리는 것이 챌린지이기 때문이다. 챌린지에 참여한 사람들뿐만 아니라 챌린지를 기획하고 운영하는 운영자 역시 많은 것을 보고 배울 수 있다. 처음에는 비슷하게 시작하지만, 시간이 지날수록 참가자들도 잘하는 사람과 못하는 사람들로 나뉘게 된다. 100일 동안 전혀 흔들림이 없이 완벽하게 미션을 수행하는 사람이 있는 반면에 어떤 사람은 완주가 눈앞인 상황에서 포기를 하기도 한다. 아예 시작하자마자 포기하는 사람도 있다. 챌린지를 진행하며 느낀 것은 끝까지 하려는 의지가 무엇보다 중요하다는 것이다. 100일 동안 매일 약속한 행동을 반복하는 것은 대단히 힘든 일이다. 완주에 성공한 사람이 박수를 받는 것은 당연한 일이다. 중간에 몇 번 빼먹었다고 해도 끝까지 버틴 사람들도 대단한 사람들이다. 중요한 것은 중간에 포기하지 않고 완주를 해냈다는 것이다. 성장은 버티는 과정에서 일어난다.

사람은 누구나 실수를 저지른다. 인증을 깜빡하고 잊거나 몸에 이상이 생기는 바람에 인증을 빠뜨릴 수도 있다. 예기치 못한 돌발 상황은 언제든 생긴다. 이런 변수들은 루틴을 위협하게 된다. 중요한 것은 실수가 실패로 이어져서는 안 된다. 실수를 반복하게 되면 사람은 어느새 실수를 당연한 것으로 여긴다. 중간에 포기할 확률이 높아지는 것이다. 실수는 창피한 일이 아니다. 만약에 시작하지 않았다면 아무 일도 일어나지 않는다. 최악은 아무 일도 안 하는 것이다. 시작하는 데 성공했다면 어떻게든 끝까지 해내겠다는 마음을 가져야 한다. 의지가 꺾이지 않는다면 중간에 아무리 힘든 일이 있더라도 어떻게든 제자리로 돌아갈 수 있다. 실수했더라도 아무렇지도 않은 듯이 툭툭 일어나면 그만이다.

주말이면 루틴이 있을 때와 없을 때의 차이가 분명하게 드러난다. 새벽 루틴은 평일과 주말에 큰 차이가 없다. 매일 4시에 일어나서 하루를 시작하고 있다. 문제는 그다음에 발생한다. 주말에는 운동 루틴이 바로 이어지지 않는다. 헬스장이 주말에는 늦은 시간에 오픈을 하기 때문이다. 헬스장에 갈 때도 있고 집 근처 공원에서 러닝을 하는 것으로 대신할 때도 있다. 루틴에 살짝 변화가 있는 것이다. 상황이 이렇다 보니 평소보다는 마음이 느슨해지기도 한다. 밀린 잠을 보충하거나 자기계발이 아닌 다른 일을 할 때도 있다. 밀린 잠을 보충할 때는 생각보다 오랜 시간을 잠을 잘 때도 있다. 30분 정도를 눈을 붙이려 했는데 2시간 넘게 자버리는 경우가 그것이다. 여기서 루틴이 있을 때와 없을 때의 차이가 발생한다.

예전 같았으면 생각보다 많은 시간을 자버린 나 자신을 비난하고 자책했을 가능성이 높다. 자신을 자책하게 되면 컨디션에도 문제가 생긴다. 지나간 일에 대한 후회로 그날의 남은 일정을 망칠 수도 있다. 이제는 그렇지 않다. 생각보다 많은 시간을 쉬었다고 해도 정신을 차린 순간부터 루틴을 이어가면 된다. 푹 쉰 덕분에 오히려 일의 능률이 높아지는 경우도 있다. 오전에 못한 챌린지도 제 컨디션이 돌아온 이후에 수행하면 문제가 없다. 결과적으로 하루를 마무리할 때면 그날 계획한 일을 거의 마무리 한 상태에서 기분 좋게 마무리하곤 한다.

모임이 있을 경우도 마찬가지다. 생각보다 모임이 길어지는 경우가 있다. 이럴 경우에도 나를 단단하게 잡아주는 것이 루틴이다. 전날 모임에서 늦게 돌아오는 바람에 잠이 부족한 경우에는 기본 루틴을 실행한 다음에 추가로 휴식을 취한다. 때로는 알람시계를 맞춰 놓을 때도 있다. 이런 경우에는 빠르게 컨디션을 회복하는 것이 필요하다. 피곤한 상태에서 무리하게 자신을 다그쳐봤자 좋은 결과를 얻을 수는 없다. 루틴이 확실하다면 휴식을 취해도 큰 문제가 없음을 알아야 한다. 이를 위해서 루틴을 만들어 놓는 것이다. 잘 만들어 놓은 루틴은 어려운 상황에서 큰 힘이 돼 준다.

중요한 것은 어떻게든 끝까지 해내겠다는 마음이다. 의지가 꺾이지 않는다면 중간에 아무리 힘든 일이 있더라도 어떻게든 제자리로 돌아가는 힘이 유지된다. 어려움에 부닥쳤을 때 우리에게 필요한 것은 '회복탄력성'이다. 회복탄력성은 실패나 실수를 경험하더라도 바로 제자리로 돌아갈 힘을 의미한다. 의지가 꺾이지 않는다면 포기할 일은 없다. 포기를 하지 않는다면 어떤 어려움 속에서도 자신감을 잃지 않는다. 자신을 약하다고 생각해서는 안 된다. 지금까지 해왔던 일이 마음에 들지 않는다면 이제부터 마음에 드는 일을 하면 된다.

　기회는 내가 만드는 것이다. 타이밍을 결정하는 것도 나 자신이다. 시작하는 순간이 나에게는 기회고 타이밍이다. 루틴을 만들고 싶다면 지금부터 시작하면 된다. 루틴이 제대로 자리를 잡을 때까지는 많은 시간과 노력이 필요하다. 좋은 습관은 한 번에 만들어지지 않는다는 것을 기억하라. 지루한 인내의 시간이 필요하다. 지루한 구간을 이겨낸다면 루틴이 조금씩 자리를 잡는다. 조금씩 해볼 만하다는 느낌이 든다. 힘든 시간을 성장통이라고 생각하라. 내가 힘든 만큼 더 크게 성장한다. 어려운 순간을 극복하게 되면 많은 것을 얻는다. 세상에는 아직도 때를 기다리며 시작도 못 하는 사람들로 가득하다. 시작하는 것만으로도 훌륭하다. 도전하는 것 자체가 성공의 시작이다. 꾸준히 반복하고 노력을 멈추지 않으면 원하는 결과를 얻는다. 도전하는 과정에서 배운 것들은 인생 나무의 거름으로 사용된다. 경험은 우리의 성장에 소중한 거름이 된다. 시간이 흐를수록 당신의 인생은 크고 멋진 나무로 자란다.

3부
지속하는 루틴

1장

루틴을
끝까지
지키는 법

01
마법의 1분을 이겨내라

고난이란, 평범한 사람들이 위대한 운명을 받아들일 수 있게 준비를 시키는 것이다.

- C.S. 루이스

블로그, 인스타그램, X, 스레드의 SNS 4종의 팔로워 수 총 3만, 전자책 7권을 쓴 작가, 생애 첫 종이책을 출간한 작가이자 오프라인 강의를 준비 중인 강사, 이것이 현재 내 모습이다. 새로운 이력을 만드는데 2년의 세월이 필요했다. 그전까지는 IT 회사를 운영하는 평범한 개인사업자였다. 익숙했던 일 대신 인플루언서 작가라는 새로운 직업에 도전하는 것이 쉬운 결정은 아니었다. 새벽 루틴이 아니었다면 도전할 엄두를 내지 못했다. 새벽 기상과 동시에 글쓰기 루틴을 시작한다. 글쓰기 루틴이 마무리되면 바로 운동 루틴으로 이어진다. 매일 운동을 하기 위해서는 큰 노력이 필요했다. 항상 운동화를 신고 밖으로 나가는 시간이 문제였다. 1분도 채 안 걸리는 시간 동안 많은 유혹에 시달린다. '오늘만큼은 건너뛰어도 된다.'는 마음의 소리가 커지는 시간이다. 일단 운동화만 신고 밖으로 나가면 이미 성공한 것과 다르지 않다. 문밖으로 나가는 순간 지금까지 나를 시험하던 유혹의 소리가 싹 사라져 버린다. 문밖으로 나가는 것이 문제지 문밖으로 나간 이상 운동을 거르는 일은 없었다.

  운동을 할까 말까 하는 고민의 시간을 마법의 1분이라고 정했다. 이 순간에 가장 조심해야 할 것은 방심이다. 루틴을 지키기 위해서는 방심은 금물이다. 지금까지 잘 해왔다고 마음을 풀게 되면 유혹에 흔들리기 쉽다. 한두 번 루틴을 건너뛰게 되면 비슷한 고민이 계속해서 이어진다. 과거의 나는 계획적인 삶과는 거리가 있었다. 계획표를 열심히 그리기만 할 뿐 실행으로 옮기지는 않았다. 일단 운동을 시작하는 데 성공했다면 그다음부터는 운동을 쉽게 하려는 마음의 유혹에서 벗어나야 한다. 1시간을 해야 할 운동을 절반만 하자고 나를 부르는 목소리를 차단해야 한다. 자칫하면 나태함의 함정에 빠질 수 있다.

순간의 방심을 조심해야 하는 것은 자칫하면 다음 날에도 같은 식으로 운동을 포기할 수 있기 때문이다. 한 번 미루기 시작하면 계속해서 미루고 싶은 것이 사람의 마음이다. 루틴을 지키려면 잠시라도 틈을 줘서는 안 된다. 의지만 있다면 여행이나 출장을 떠났을 때도 새벽 루틴을 지킬 수 있다. 최근에 부산에 갔을 때 광안리 해변에서 모닝런을 한 적이 있었다. 익숙한 곳에서 뛰는 것과 낯선 곳에서 뛰는 기분은 완전히 달랐다. 새로운 경험이자 너무도 짜릿한 경험이었다.

운동에 익숙해지면 습관처럼 몸에 착 달라붙는 것과 같은 느낌을 받는다. 그렇다고 해서 방심은 금물이다. 모든 루틴이 습관이 되는 것은 아니기 때문이다. 습관처럼 무심코 반복하는 행동을 떠올려 보라. 대부분의 습관은 내가 의식하지 못하는 상태에서 자연스럽게 이루어지는 행동들이다. 아쉽게도 운동은 나도 모르는 사이에 무의식으로 시작할 수 없다. 시작하기 위해서는 내 의지가 필요하다. 이런 특징 때문에 운동은 꾸준함을 유지하기가 쉽지 않다. 운동이 꾸준하기가 어려운 것은 장소와 시간의 영향을 받는 이유도 있다. 야외에서 하는 운동은 날씨의 영향을 받는다. 비가 오는 날이나 땀이 비가 오듯 흐르는 무더위 속에서는 야외에서 운동할 수 없다. 무리하다가는 자칫 큰 부상을 할 위험이 있다. 헬스장이라고 해서 방심해서는 안 된다. 내부 공사를 하기라도 하면 한동안 운동을 할 수 없게 된다.

글쓰기 루틴도 꾸준함을 유지하기가 쉽지 않다. 오늘 쓸 글을 내일로 미루지 말라는 말이 있다. 글을 매일 쓴다고 하더라도 미루기 시작하면 루틴이 깨질 수 있다. 1일 1 포스팅이 중요한 이유가 여기에 있다. 글을 오랫동안 변함없이 쓰기 위해서는 마법의 1분을 이겨내야 한다. 글을 쓰기 위해 자리에 앉는 1분이 여러분의 글쓰기 루틴의 성공 여부를 좌우한다. 글을 쓰기로 마음먹었다면 아무 글이라도 써야 한다. 여러 가지 생각이 한꺼번에 밀려온다면 생각의 늪에 빠지고 만다. 글은 어떤 마음으로 임하느냐에 따라서 상황이 달라진다. 쉽게 쓸 수도 있고 어렵게 쓸 수도 있다. 발행할 수도 있고 비밀글로 묻어 놓을 수도 있다. 글을 쓰기로 마음먹었다면 당장 아무 글이라도 써야 한다. 최대한 많이 써야 한다. 망설여서는 안 된다.

나에게 새벽 시간은 은인 같은 존재이다. 새벽에 글쓰기 루틴을 시작하지 않았다면 이렇게 종이책을 쓰지 못했다. 새벽에 실행하는 루틴은 하루를 보내는 에너지를 충전해 주는 감사한 시간이다. 눈을 뜨자마자 기본 루틴을 바로 시작하는 것은 잡생각에 휘둘리지 않기 위함이다. 1분의 망설임이 1시간의 망설임이 된다. 바로 일어나지 않고 이불 안에서 빈둥거리다 보면 몇 시간이 흘러가 버린다. 이래서는 하루 일정을 정상적으로 진행할 수 없다. 나 역시 과거에는 바로 몸을 일으키지 못하고 이불을 뒤집어쓰고 1분만 더 잔다는 말을 습관처럼 내뱉던 시절이 있었다. 잠시 눈을 붙인다는 것이 잠에서 깨어나니 몇 시간이 흘러가 버린 황당한 일도 있었다. 이렇게 나태한 마음가짐으로는 하루를 상쾌하게 시작할 수 없다. 성공한 사람들의 인터뷰를 보면 한 가지 공통점이 있다. 그들에게는 루틴이 있었다. 어떤 일이 있어도 지키는 기본 루틴이 있었다. 새벽 루틴은 내게 반드시 지켜야 할 기본 루틴이었다. 기본 루틴을 지킴으로서 여러 돌발 상황에서 나를 단단히 잡을 수 있었다.

　루틴을 수행하기에 앞서 우리를 고민 속에 빠뜨리는 마법의 1분은 누구에게나 공평하게 주어지는 시간이기도 하다. 1분을 어떻게 보내느냐에 따라 당신의 하루 컨디션이 변한다. 기왕이면 시간을 자신에게 유리한 방향으로 사용하는 것이 좋다. 꿈을 이루기 위해, 성공을 하기 위해서는 마법의 1분을 내 편으로 만들어야 한다. 잠깐의 머뭇거림이 일을 망칠 수도 있음을 알아야 한다. 짧은 시간이라고 해서 방심은 금물이다. 꿈을 현실로 만들기 위해서는 아무리 작은 루틴이라도 꾸준히 실행할 수 있는 의지와 노력이 필요하다.

02
기상 시간이 일정해야 하는 이유

세상은 6시를 두 번 만나는 사람이 지배한다. 하루에는 두 번의 6시가 있다. 아침 6시와 저녁 6시다. 해가 오를 때 일어나지 않는 사람들은 하루가 해 아래 지배에 들어갈 때의 장엄한 기운을 결코 배울 수 없다.

– 김승호

애플은 1976년에 창업한 미국의 전자기기 제조 및 앱 서비스 기업이다. 스마트폰과 모바일 앱 서비스 시대를 연 상징적인 기술 기업으로 평가받으며 현재는 전 세계 시가총액 순위 1~2위를 다투는 최상위 규모의 글로벌 빅테크 기업으로 손꼽힌다. 현재 애플의 최고 경영자는 팀 쿡이다. 그는 새벽 3시 45

분에 하루를 시작한다. 기상 직후 1시간 동안 700~800개의 이메일(고객, 직원 메일 포함)을 직접 처리한다. 새벽 5시에는 1시간 정도 근력 운동에 집중한다. 본격적인 업무 시작은 아침 7시 30분이다. 하루를 일찍 시작하는 만큼 저녁 8~9시에는 스마트폰, TV 등 전자기기를 멀리하고 잠자리에 드는 루틴을 지키고 있다. 하루 7~8시간의 수면 시간을 확보함으로써 이른 기상 시간을 대비한다. 성공한 기업가들의 아침 루틴을 살펴보면 팀 쿡과 같이 하루를 이른 아침에 시작하는 경우가 많다. 이른 아침의 기상은 장점이 많기 때문이다.

그렇다면 성공하기 위해서는 무조건 새벽 시간에 일어나야 하는 것일까? 반드시 그래야 할 필요는 없다. 사람마다 자신에게 유리한 시간이 있기 때문이다. 새벽에 일이 잘 되는 사람도 있고 저녁에 일이 잘 되는 사람도 있다. 아침을 챙겨 먹어야 일이 잘 되는 사람도 있고 아침을 건너뛰어도 아무런 문제가 없는 사람도 있다. 자신이 최고의 효율을 낼 수 있는 시간을 찾아야 한다. 몸과 마음의 컨디션이 최상일 때를 찾아야 한다. 여기서 경계해야 할 것은 어떤 시간이건 간에 멍하니 보내서는 안 된다는 것이다. 성공하기 위해서는 시간을 아껴야 한다. 시간은 돈으로도 살 수 없는 소중한 것이다. 누구에게나 24시간이 공평하게 주어지는 것이 시간이다. 만약에 일찍 일어난 것에 만족하고 아무것도 하지 않는다면 성공에 아무런 도움이 되지 않는다. 이래서는 긍정적인 변화도 일어날 수 없다.

루틴의 효과를 제대로 맛보려면 기상 시간이 일정해야 한다. 어떤 날은 6시에 일어나고, 어떤 날은 9시에 일어나서는 안 된다. 기상 시간이 일정하지 않다면 루틴으로 만들기 어렵다. 평일과 주말의 기상 시간이 다르다면 매주 월요일마다 적응하기 위해 아까운 시간을 써야 한다. 의지력으로 버티는 것에도 한계가 있다. 여행이나 회사일 등의 변수가 생긴다면 그동안 공들여 쌓아 놓은 루틴이 와르르 무너진다. 주말에 푹 쉬고 싶은 마음이 있더라도 가능하면 평일과 동일한 기상 시간을 지키는 것이 루틴에 도움이 된다. 휴식이 필요하다면 일어난 뒤에 쉬면 된다. 아침 루틴을 실행한 다음에 부족한 잠을 자는 것은 문제가 되지 않는다. 틈틈이 쪽잠을 자는 것도 나쁘지 않다.

사람들에게는 머리가 유독 맑은 시간대가 있다. 집중이 잘

되는 시간에 최대한 많은 일을 해야 한다. 자신을 올빼미형이라고 말하는 사람들은 중요한 일을 밤에 해야 효율이 높다. 밤 시간도 관리만 잘한다면 새벽 시간과 비슷한 효과를 본다. 밤에는 사람이 감성적으로 변한다. 글을 쓰기에는 저녁 시간이 유리할 수도 있다. 새벽 시간이건 밤 시간이건 간에 루틴의 효과를 보고 싶다면 꾸준히 해야 한다. 하루는 아침에 하고 하루는 밤에 하는 식으로 집중하는 시간을 일정하게 않게 가져가는 것은 좋은 방법이 아니다. 루틴의 효과를 제대로 경험하기 위해서는 생활 리듬을 평소와 비슷하게 맞추는 것이 필요하다. 기상 시간과 수면 시간을 나에게 맞추는 것은 일을 하는 데 있어서 몸과 마음의 피로를 줄일 수 있는 행동이다.

나는 2년 전부터 꾸준하게 새벽 루틴을 유지하고 있다. 일어나자마자 이부자리 개기, 세수 등의 간단한 행동을 하는 이유는 작은 행동의 반복을 통해 마음을 준비하기 때문이다. 전날 답답한 일이 있었어도 새벽 루틴을 진행하는 과정에서 조금은 마음이 풀린다. 시간 여유가 된다면 명상이나 스트레칭과 같은 행동을 루틴에 넣는 것도 좋은 방법이다. 가벼운 산책 역시 몸의 리듬을 찾아오는 데 도움을 준다. 독서나 필사를 하는 것도 좋다. 감사 일기를 쓰는 것도 마음의 안정을 가져오는 데 도움이 된다. 어떤 행동이건 좋다. 꾸준한 반복은 하루를 가벼운 마음으로 시작하는 데 힘을 준다.

루틴을 실행하기에 앞서서 한 가지 주의할 것이 있다. 실수했을 때 당시의 상황을 마음에 묻어 두면 안 된다. 기상 시간을 하루 정도 여겼다고 해서 자책을 하거나 죄책감에 시달려서는 안 된다. 과거의 실수를 지나치게 의식하면 루틴을 지키기가 어려워진다. 아무리 계획을 잘 세웠다고 해도 변수는 늘 있기 마련이다. 한번은 이런 일이 있었다. 저녁에 시작된 모임이 새벽까지 이어지는 바람에 새벽 루틴에 문제가 생겼었다. 간신히 글을 올리긴 했지만, 평소보다 늦은 시간에 글을 올릴 수밖에 없었다. 이웃들의 연락이 쏟아졌다. 내가 평소와 다르게 글을 올리지 않은 것을 보고 걱정이 된 모양이다. 힘내라고 문자를 보내준 이도 있었다. 무슨 일이 생긴 것은 아닌지 걱정하는 이도 있었다. 건강을 챙기라며 영양제를 챙겨준 이웃도 있었다. 기분이 좋기도 했지만, 무거운 책임감을 느꼈다. 이후로는 어떤 일이 있어도 정해진 시간에 글을 올리려고 노력하고 있다. 내 글을 기다리는 독자들에게 실망감을 주어서는 안 되기 때문이다.

　새벽 기상에 익숙해지고 특정 시간 글쓰기가 몸에 적응이 되면 팬이 늘어나는 것뿐만 아니라 루틴이 몸에 착 달라붙는다. 아무리 피곤해도 글을 쓰고 있는 자신을 발견한다. 내가 깜빡하고 잊으면 이웃들이 연락을 해준다. 루틴을 지키기 위해 이중 삼중으로 안전장치를 만든 것이다. 루틴은 아침에 일어나는 것부터 시작이다. 루틴을 반복하게 되면 나를 응원하는 이웃도 저절로 늘어난다. 팬이 늘어나면 중간에 포기할 확률도 줄어든다.

03

작심삼일을 넘어 꾸준함을 유지하는 전략

늘 꾸준한 시스템을 유지하는 것이 핵심이다. 여유시간이 날 때 운동하겠다는 생각으로는 결코 성공할 수가 없다.

– 스콧 애덤스

내게 맞는 루틴을 설계하는 것은 쉽지 않은 일이다. 루틴을 만드는 데 성공했다고 해도 유지하는 것은 더욱 어렵다. 작심삼일이라는 말이 괜히 나온 것이 아니다. 사람은 본능적으로 도전을 시작한 3일째가 되면 방심하기 시작한다. 아무리 단단한 각오로 시작했다고 하더라도 신기하게도 3일째가 될 때부터 조금씩 마음이 해이해지는 경험을 해본다. 시작보다 유지가 어렵다는 것은 헬스장만 봐도 알 수 있다. 헬스장은 새해만 되면 많은 사람들로 붐빈다. 사람들의 새해 계획에는 항상 운동이 우선순위로 들어가기 때문이다. 새해에 기세 좋게 시작했던 사람들은 3월이 지나기도 전에 사라져 버리고 만다. 결국에는 늘 보던 익숙한 얼굴들만이 남아서 헬스장을 지키게 된다.

운동뿐만이 아니다. 글을 쓰는 것도 꾸준함을 유지하기 위해서는 큰 노력이 필요하다. 블로그에 새로운 이웃들이 북적이는 것은 무더위가 꺾이기 시작하는 가을 무렵이다. 신기하게도 9월이 되면 많은 사람들이 블로그로 몰려든다. 새해가 되면 헬스장에 사람들이 몰려드는 것처럼 말이다. 새로운 이웃들은 한동안 의지를 불태우며 활발한 활동을 보여줬다. 그들의 기세는 연말이 지나고 새해가 밝아오면서 조금씩 꺾이게 된다. 3월이 되면 많은 이웃들이 블로그를 닫고 떠나 버린다. 어떤 이유로 그들이 떠났는지에 대해서는 알지 못한다. 떠난 이들은 말이 없기 때문이다. 목적을 이루지 못한 실망감이 컸을 수도 있다. 새로운 길을 찾았을 수도 있다. 어쨌든 그들은 떠났고 남을 사람들은 남았다. 나도 남은 사람 중의 한 명이다.

블로그에서 각자의 목적을 이루려면 지루한 인내의 시간을 견뎌야 한다. 장문의 글을 기반으로 하는 블로그는 다른 SNS에 비해 반응이 느린 편이다. 이웃이 빠르게 늘어나지도 않고 조회 수가 단기간에 폭발하지도 않는다. 수익을 목적으로 시작한 블로거라면 금세 실망한다. 인기와 상관없이 블로그에 꾸준히 글을 올리는 이웃들이 있다. 이들과 이야기를 해보면 조급하게 생각하지 않는다는 것을 알 수 있다. 조급한 마음으로 블로그에 포스팅하던 이들은 빠르게 사라져 버렸다. 오랫동안 남아서 블로그를 지키는 것은 장기적인 안목으로 바라보는 이들이었다. 각 영역에서 이름을 날리는 대형 블로거들의 인기는 단기간에 만들어진 것이 아니다. 그들은 비가 오나 눈이 오나 꾸준히 자신의 글을 올렸다. 팬들은 그들의 꾸준함을 보고 호감을 느끼게 된다.

대형 블로거들은 남들에게 노하우를 나누는 것을 망설이지 않는 사람들이다. 그들을 만날 수 있었던 것은 행운이었다. 꾸준히 하는 그들의 모습을 보며 1일 1 포스팅의 힘을 깨달았다. 글감이 떠오르지 않을 때는 그들의 글을 읽으며 글감을 찾았다. 그들과 댓글로 소통하며 의지력을 유지했다. 1일 1 포스팅을 한 지 99일이 되었을 때 하루를 남기고 포기를 한 사람이 있다며 경각심을 일깨워 준 이웃 덕분에 포기하지 않았다. 블로그에 글을 꾸준히 쓰기 위해서는 이웃의 관심이 필요하다. 블로그의 글은 나 혼자 읽기 위해서 쓰는 것이 아니다. 내 글을 읽어주는 이웃이 있을 때 진정한 힘을 얻게 된다. 내 글을 읽는 이웃이 없다면 오래 버티지 못하고 포기하게 된다.

루틴을 지키는 것도 혼자 하는 것보다는 같은 방향을 향해 달리는 이웃이 있다면 쉽게 포기하지 않는다. 글쓰기 루틴을 유지하는 힘은 이웃과의 소통에서 나온다. 혼자 떠드는 것을 좋아하는 사람은 없다. 내 말을 들어 주는 사람이 있다면 말할 때도 평소보다 신이 난다. 글쓰기를 꾸준히 하려면 누군가가 봐주는 것이 큰 도움이 된다. 댓글을 통한 소통은 글을 오래 쓸 수 있는 원동력이 된다. 내가 블로그에 꾸준히 글을 올릴 수 있었던 것도 블로그 이웃들 덕분이었다. 글을 꾸준히 쓰는 것에 자신이 붙었다면 이제는 확장해야 할 때다. 댓글을 기다리는 것이 아니라 적극적으로 이웃의 글에 댓글을 써야 한다. 서로 이웃을 신청하는 것도 좋은 방법이다.

생각이 비슷한 이웃들과는 통하는 부분이 있다. 이웃을 늘리기 위해 몇만 명의 이웃을 가진 대형 블로거의 이웃들을 중심으로 서로이웃 신청을 했다. 서로 이웃을 추가하는 과정에서 또 다른 대형 블로거와 연결되었다. 대형 블로거의 팬 가운데는 다른 블로거의 팬들도 많기 때문이다. 이런 과정에서 알게 된 것이 부아c이다. 부아c는 몇만 명의 이웃을 보유한 대형 블로거였다. 그를 알게 된 지 얼마 지나지 않았을 때 운이 좋게도 SNS와 글쓰기에 대한 온라인 강의가 시작됐다. 무료 강의를 1,000명이 넘었다. 유료 강의로 바뀐 이후에도 500명이나 되는 사람들이 그의 강의를 듣기 위해 남았다. 그의 강의를 듣고 좋았던 것은 강의 내용뿐만이 아니었다. 강의를 듣기 위해 모인 이웃들과 소통을 하게 된 것도 큰 수확이었다. 모인 이웃들은 생각의 결이 비슷했다. 단톡방에서 대화를 나누며 급속도로 친해졌다. 오프라인 모임에서 만났을 때는 마치 몇 년을 알고 지낸 친구와 같은 느낌이 들었다. 그들과 알게 된 것은 행운이었다. 글쓰기뿐만 아니라 일상의 루틴을 꾸준히 하는 데도 큰 도움이 되었다. 그때부터 지금까지 그들은 지원군이자 동료로서 내 곁을 든든하게 지켜주고 있다.

작심삼일이라는 단어는 이제 내 사전에 없다. 이제는 어떤 일이건 시작했으면 끝까지 마무리 짓는다. 과거에는 끈기만 있었고 시작을 쉽게 하지 못했다. 이제는 도전을 망설이지 않는다. 용기를 가지게 된 것은 앞에서 끌어 주고 뒤에서 밀어주는 이웃들이 있기에 가능한 일이다. 루틴은 혼자 실행하는 것보다 목표가 비슷한 사람들과 함께하는 것이 훨씬 많은 것을 남긴다. 곁에 있는 동료들을 소중히 하라. 생각의 결이 맞는 이웃은 밖에서 쉽게 찾을 수 있는 것이 아니기 때문이다.

04
루틴 지속의 방해 요인 3가지

사람이 매 순간 최선을 다할 수는 없다. 때로는 느슨한 순간이 있어야 완벽주의로 인한 불안을 낮출 수 있다.

- 캐서린 피트먼, 엘리자베스 칼

　자신을 스스로 완벽주의자라고 말하는 사람들은 쉽게 도전하지 못한다. 완벽한 준비가 되었다는 생각이 들 때만 움직이는 것이 그들이다. 완벽한 준비를 핑계로 차일피일 미루다 보면 아까운 시간만 흘려보낼 뿐이다. 그들이 원하는 완벽한 기회는 쉽게 오지 않는다. 시작이 미뤄질 때마다 그들은 아직 때가 되지 않았다는 변명을 늘어놓는다. 다음 기회라는 것은 결국에는 하지 않겠다는 의미와도 같다. 루틴은 완벽한 상황에서만 시작하는 것이 아니다. 루틴의 필요성을 느낀다면 당장 시작해야 한다. 부족한 부분은 진행 도중에 수정하면 된다. 도전의 기회는 저절로 오는 것이 아니다. 스스로 만들어야 한다.

완벽주의자의 문제는 시작이 어렵다는 것에 그치지 않는다. 중간에 포기할 확률도 높다. 힘들게 시작한 루틴임에도 불구하고 완벽주의자들은 제대로 진행해 보지도 않고 불안과 조급증에 시달린다. 그들도 완벽할 수 없다는 것을 알고 있다. 그럼에도 불구하고 그들은 늘 자신보다 앞서가는 사람과 비교를 멈추지 않는다. 앞서가는 사람과의 비교는 스스로를 자책의 늪에 빠뜨릴 뿐이다. 완벽함은 처음부터 갖춰지는 것이 아니다. 꾸준한 노력을 통해 완벽에 가까워진다. 성공한 사람들은 완벽을 추구하기보다는 완주를 목표로 하는 사람들이다. 완주주의자들은 현재 부족한 부분이 느껴지더라도 이에 실망하지 않고 대안을 찾는 사람들이다. 현재에 안주하지 않고 다른 기회를 부지런히 찾아 나서는 사람들이다. 우리가 완벽주의 대신 완주주의를 추구해야 하는 이유가 여기에 있다.

현재 실행 중인 루틴이 부담된다면 조금씩 강도를 낮춰야 한다. 내게 어떤 것이 필요하고 도움이 되는지는 스스로 판단해야 한다. 남들이 성공한 방법이라고 해서 무조건 성공하는 것은 아니다. 성공한 사람들의 방법을 참고하되 내게 맞도록 수정해야 한다. 블로그 포스팅의 경우 가능한 많은 글을 올리는 것이 성장에 도움이 된다고 한다. 그렇다고 해서 매일 5~6개의 글을 올릴 필요는 없다. 한 개의 글이라도 꾸준히 올리는 것으로 어느 정도의 효과를 볼 수 있다. 미라클 모닝이 좋다고 해서 모든 사람이 새벽에 일어나야 하는 것은 아니다. 저녁에 집중이 잘 되는 사람은 미라클 모닝에 집착하기보다는 편하게 느껴지는 저녁 시간에 집중해야 좋은 결과를 가져온다. 모두에게 적용되는 정답은 없다.

 루틴을 성실하게 수행 중이라고 해서 무조건 성공하라는 법은 없다. 루틴에 대한 보상을 기대하는 것도 어리석은 짓이다. 루틴은 성공으로 가는 길을 밝혀주는 것은 분명하지만 루틴만으로 반드시 성공할 수 있는 것은 아니다. 너무 큰 기대를 하게 되면 의욕을 잃게 된다. 노력의 결과가 언제 어디서 어떤 방식으로 나타날지 모르기 때문이다. 결과에 지나치게 신경을 쓰게 되면 조급함이 느껴질 것이다. 조급증은 애써 만들어 놓은 루틴을 망쳐버리게 될 수도 있다. 조급증을 덜어내려면 결과보다는 과정에 초점을 맞춰야 한다. 아침에 일찍 일어나서 책을 읽는 루틴을 지킨다고 해서 당장 내 삶이 변하는 것은 아니다. 책의 내용을 내 것으로 만들고 지식을 지혜로 바꾸어 일상에 적용해야 비로소 변화가 시작된다. 일찍 일어난 것에 만족하지 말고 부지런히 움직여야 한다. 새벽 시간을 최대한 활용해야 한다. 가능한 많은 것을 배우고 느껴야 한다. 멍하니 있을 거라면 차라리 잠을 더 자는 것이 건강에 도움이 된다.

 루틴이 흔들리지 않으려면 경제적인 면을 고려하지 않을 수 없다. 직장인이라면 루틴을 유지하기가 어렵다. 갑작스러운 야근이나 출장은 루틴을 깨뜨리게 만드는 적이다. 경제적으로 어려운 상태라면 자기 계발에 많은 시간을 투자할 수 없다. 경제적인 문제 해결을 위해서는 파이프라인부터 만들어야 한다. 생계를 유지할 수 있는 기본적인 생활비가 있어야 자기 계발에 집중할 수 있다. 직장인이라면 회사 일에 지장을 주지 않는 시간에 자기 계발을 수행하는 루틴을 만들어야 한다. 출근 전 시간이나 퇴근 후의 시간 중에 나를 위한 시간을 만들어야 한다. 루틴을 꾸준하게 수행하기 위해서는 온전한 내 시간이 필요하다. 나만의 전용 공간이 있다면 집중력이 강화된다.

꾸준함의 효과는 단기간에 맛볼 수 있는 것이 아니다. 적게는 일주일에서, 많게는 100일 이상을 꾸준히 해야 효과를 경험할 수 있다. 블로그를 시작했을 때는 나 역시 의심으로 가득 차 있었다. 매일 글을 쓰는 것이 얼마나 나를 바꿔놓을지 궁금했다. 1년이 지나고 2년째가 되니 확신이 생겼다. 현재는 과거에 비해 많은 부분에서 변한 상태다. 부정적인 성격이 긍정적으로 변했다. 사람들을 대할 때 공격적인 면이 줄어들고 모두의 의견을 수용할 수 있는 여유가 생겼다. 변화는 내가 쓰는 글에 고스란히 반영되었다. 이웃들은 내 글이 편하게 읽혀서 좋다고 한다.

루틴이 흔들리지 않기 위해서는 완벽주의, 지나친 기대, 조급증을 버려야 한다. 아예 머릿속에서 지워버려야 한다. 부정적인 생각 대신 긍정적인 생각으로 채워야 한다. 긍정적으로 상황을 바라보게 되면 과정을 즐길 수 있게 된다. 쉽게 포기하지 않게 된다. 이런 내 모습을 보며 사람들은 신뢰한다. 그들은 내 팬이 되어 내가 쓰는 글을 응원한다. 팬이 늘어날수록 영향력이 커진다. 넓어진 시야와 영향력은 좋은 기회를 발견할 수 있게 해준다. 기회를 살릴 수 있는 것은 바로 당신이다. 작은 일이라고 해서 무시해서는 안 된다. 끝장을 볼 때까지는 꾸준히 실행해야 한다. 그 과정에서 당신이 바라는 기회가 보인다. 성공으로 가는 길이 환하게 열린다.

05
역경이 우리의 앞을 막아설 때

나는 삶에서 나에게 주어졌던 모든 역경에 감사한다. 왜냐하면 그런 역경들이 없었다면 절대 배울 수 없었을 관용, 연민, 자제력, 인내 등 다양한 덕목들을 배웠기 때문이다.

- 나폴레온 힐

인생이 우리 마음대로 진행되지 않을 때가 종종 있다. 위기는 언제 어디서 터질지 모른다. 아무리 대비를 잘해놓았다고 할지라도 돌발 상황은 언제라도 발생할 수 있다. 위기 상황을 어떻게 대처하느냐에 따라 우리 인생의 방향이 결정된다. 루틴 역시 마찬가지다. 아무리 잘 설계된 루틴이라고 해서 남은 인생을 보장해 주는 것은 아니다. 생각과는 다른 방향으로 흘러가는 것을 항상 염두에 둬야 한다. 위기 상황을 맞이했을 때 어떻게 해결하느냐에 따라서 루틴의 성패 여부가 결정된다. 실패에 익숙한 사람들은 위기 상황에서 해결 방법을 찾기보다는 피할 방법을 찾기에 바쁘다. 피하기가 어렵게 느낀다면 남에게 책임을 미룰 생각부터 한다. 반면에 성공하는 사람들은 핑곗거리를 찾기보다는 해결 방법을 찾기 위해 노력한다. 피하기보다는 정면으로 맞서는 것을 선호하는 사람들이다.

세상에 불가능한 일은 많지 않다. 갑작스러운 위기라고 할지라도 침착하게 대처한다면 해결 방법을 찾을 수 있다. 완벽한 해결 방안이 아니더라도 대안을 찾을 수 있다. 불가능은 사람의 마음에서 나온다. 할 수 없는 일이라고 생각하면 끝까지 해내기가 어렵다. 할 수 있다고 생각하면 결국에는 해낸다. 성공한 사람들의 마음에는 포기란 단어는 없다. 할 수 있다는 믿음으로 가득 차 있다. 성공한 사람들의 믿음은 자신감에서 나온다.

설령 실패할 수도 있다. 루틴이 잠시 끊길 수도 있다. 그렇다고 해서 실패가 자기 비하로 연결되어서는 안 된다. 성공한 사람들은 자책이나 자기 비하에 빠지지 않는다. 그들은 실패를 좋은 경험이라고 생각한다. 실패의 과정에서도 배우는 것이 있기에 포커페이스를 유지할 수 있다. 실패는 성공으로 가는 과정이다. 아무리 뛰어난 사람이라도 단 한 번의 시도만으로 성공을 거두는 경우는 많지 않다. 성공한 사람들은 오히려 남들보다 더 많은 실패를 경험한 사람들이다. 실패의 횟수가 많다는 것은 그만큼 도전을 멈추지 않았다는 의미이다. 그들은 오히려 실패를 훈장으로 생각한다.

할 엘로드는 저서인 〈미라클 모닝〉을 통해 전 세계 1억 명의 독자들에게 아침 시간의 중요성을 알린 작가이다. 그는 20세 때 음주, 과속 차량에 치여 혼수상태로 6일을 보낸 후, 7차례의 수술로 간신히 생명을 건질 수 있었다. 의사들은 그가 다시는 걷지 못할 거라 예상했지만 초의지로 이겨내고 51마일 울트라마라톤의 완주에도 성공했다. 위기는 여기에서 그치지 않았다. 이번에는 파산의 위기를 겪어야 했다. 2008년 금융위기로 42만 5천 달러의 부채가 발생하는 바람에 약혼도 파기될 위기에 처했다. 살고 있던 집을 잃었다. 하지만 그는 두 번의 위기에도 좌절하지 않았다. 그를 일으켜 세운 것은 루틴이었다. 그는 아침 기상 후에 명상, 확언, 시각화, 운동, 독서, 저널 쓰기의 6가지 루틴을 매일 반복 실행함으로써 스스로를 강하게 단련시켰다. '새벽 루틴'은 그를 베스트셀러 작가이자 세계적인 강연가로 만들었다.

사람들이 실패를 두려워하는 이유는 남들의 시선을 의식하기 때문이다. 내가 저지른 실수가 비웃음거리가 되는 것이 두려운 것이다. 사람들이 다른 사람의 일에 관심이 없다는 것을 알게 된다면 남들의 반응을 더 이상 두려워할 필요가 없다. 그들이 관심을 두는 것은 나의 실패보다는 오늘 점심 메뉴이다. 당신의 주변에 있는 성공한 사람들을 떠올려 보라. 우리는 그들이 얼마나 많은 실패를 경험했는지 알지 못한다. 단지 현재에 성공한 모습만을 알고 있을 뿐이다. 그들도 사람이다. 과거에 크고 작은 실패를 경험했다. 그렇다고 해서 그들의 실패를 굳이 찾아낼 필요는 없다. 과거는 과거일 뿐이다. 중요한 것은 현재의 나 자신이다.

내 앞을 가로막는 벽이 느껴진다면 두려워하기보다는 감사한 마음을 가져야 한다. 지금까지 노력을 멈추지 않았기 때문에 벽에 부딪힐 수 있다. 내 앞을 가로막고 있는 벽을 부수거나 돌파한다면 큰 보상이 기다리고 있다. 벽이 크고 두꺼울수록 보상은 커진다는 것을 명심하라. 어쩌면 이미 보상을 받았을 지도 모른다. 도전하는 과정에서 얻은 경험과 노하우는 돈을 주고도 살 수 없는 값진 보상이기 때문이다. 성공한 사람들은 과정에서 행복을 느끼는 사람들이다. 이들은 매일 반복되는 일상에서 자신만의 루틴을 충실히 수행하고 있는 사람들이다. 과정을 즐기지 못하면 루틴을 꾸준하게 실행할 수 없다. 즐겁지 못한 일은 오랫동안 유지하기 어렵기 때문이다.

 남들의 성공 신화를 보면 어떤 마음이 드는가? 가슴이 벅차오르지 않는가? 대다수의 사람은 과정보다도 결과에 포커스를 두고 있다. 내가 성공을 거둬도 그들은 내 과거보다는 어떻게 성공했는지에 대한 노하우를 듣고 싶어 한다. 우리는 결과보다는 과정에 주목해야 한다. 과정이 없는 성공은 있을 수 없다. 우리가 고생을 경험하는 만큼 서사는 강해진다. 하늘은 노력하는 자의 편이다. 지금 당장은 힘겹게 느껴진다. 매일 반복되는 루틴으로 인해 지쳤을 수도 있다. 힘들 때가 성장의 기회다. 힘들 때 내딛는 한 걸음이 성공을 앞당기는 큰 걸음이 된다. 어려움을 이겨내는 과정에서 깨달은 것은 평생의 자산으로 남는다. 역경을 이겨내는 만큼 우리는 강해진다. 우리가 상상하는 모습은 곧 현실이 된다. 자신을 믿고 실행으로 옮긴다면 원하는 것을 얻는다.

06

각자의 방법으로

한 사람이 열등감 때문에 머뭇거리고 있는 동안 다른 사람은 실수를 저지르며 점점 우등한 사람이 되어 간다.

– 헨리 링크

사람이라면 누구나 성공을 꿈꾸며 살아가고 있다. 성공의 의미에 대해서는 사람마다 생각이 다를 수 있다. 아무리 뛰어난 천재나 부자라고 해도 100퍼센트의 성공을 보장할 수는 없다. 그들은 자신의 경험해 왔던 것을 기반으로 비교적 높은 확률을 가진 방법을 제시하는 사람들이다. 루틴도 이와 비슷하다. 어떤 루틴이 나에게 도움이 될지는 아무도 알지 못한다. 나라고 해서 확실히 알 수는 없다. 일단 실행하고 부딪혀봐야 내게 맞는 루틴을 찾을 수 있다. 내가 글을 쓰게 될 줄은 2년 전만 해도 상상조차 하지 못하던 일이었다. 나를 빠르게 성장시킨 것은 글을 쓰다가 만난 블로그 이웃들이다. 이웃들과 소통을 하며 내가 모르던 세계를 알게 됐다. 내가 알게 된 것을 나눔으로써 이웃이 폭발적으로 늘어났다. 1년 만에 1만 명이 넘는 이웃이 생긴 것도 나눔을 실천한 덕분이었다.

성공을 위해서는 나와 뜻이 맞는 사람들과 주기적인 소통이 필요하다. 소통이 얼마나 중요한지에 대해서는 사람들의 의견이 엇갈린다. 어떤 이들은 이웃 수가 중요하지 않다고 한다. 서로 이웃도 큰 의미가 없다고 말하는 사람도 있다. 블로그를 운영하면서 대화나 소통까지 신경을 쓸 필요는 없다고 말하는 사람도 있다. 책을 쓰는 것에 대해서도 부정적인 생각을 하는 사람들도 있다. 집필에 부정적인 사람들은 책을 쓰는 목적을 단순히 돈을 벌기 위한 것으로 생각하는 사람들이다. 그들은 모든 가치를 돈으로 판단하는 사람들이다. 작가가 되어 강의하더라도 큰돈을 만지지 못할 것이라며 초를 치는 사람들도 있다. 어찌 보면 그들은 자신이 아닌 남이 성공하는 것을 못 견디는 사람들일지도 모른다.

세상에는 이처럼 다양한 사람들이 존재한다. 모든 이야기를 수용할 필요는 없다. 내게 필요한 말을 골라 들어야 한다. 특히 내가 앞으로 가려는 방향과 같은 길을 걸은 성공한 사람들이 하는 이야기는 귀담아들어야 한다. 책에서 배울 수 없는 노하우를 들을 수 있기 때문이다. 어떤 이야기를 듣더라도 긍정적으로 생각하도록 노력해야 한다. 긍정적인 마음은 넓은 시선으로 세상을 보게 한다. 그만큼 기회도 더 많이 발견한다. 부정적인 시선으로 상황을 바라보게 되면 더 이상 발전을 할 수 없다. 성장이 없는 것이다. 부정적인 사람들은 거르는 것이 좋다. 거를 수가 없다면 최대한 거리를 둬야 한다. 그들의 비웃음은 한 귀로 듣고 한 귀로 흘려야 한다. 그들은 성공을 경험해 보지 못한 사람들이다. 그들은 나를 응원하기보다는 잘 안 되기를 바라는 사람들이다. 잘 되는 일에 훼방을 놓으려고 준비하는 사람들이다.

악플에 대한 대처도 마찬가지다. 예전에 내가 악플로 괴로워하고 있을 때 친구는 다음과 같은 이야기로 나를 위로했다.

"지금 상황을 가게에 비교해 보자. 세상에는 다양한 가게가 있지. 대형 가게도 있고 동네 구멍가게도 있을 거야. 모든 가게는 각자의 스타일에 맞는 단골손님들로 운영이 되고 있을 거야. 그 모든 것에 네가 신경 쓸 필요는 없어. 그들은 그들대로 믿는 것을 믿을 뿐이고, 너는 너의 방식대로 운영하면 되는 거야. 성공하건 실패하건 그것은 너의 몫이고 그들이 책임지는 것은 아니니까."

가게를 운영하는 방식에 여러 가지가 있듯이 루틴의 실행에도 여러 가지 방법이 있다. 남의 의견에 휩쓸리기보다는 내가 하고 싶은 방향으로 운영해야 한다. 그래야 과정에서 배우는 것이 있다. 실패하더라도 과정에서 배우는 것이 있다면 다음 시도에서는 그만큼 성공할 확률이 높아진다. 막히는 부분이 있다면 앞서가는 사람에게 배우면 된다. 도움을 청하는 것도 좋다. 도움을 받은 만큼 보상을 하는 것도 필요하다. 남의 노하우를 배우는 것은 그만큼 내 시간을 절약하는 일이다. 시행착오를 경험할수록 우리의 사고는 확장된다. 우리는 바쁜 사람들이다. 내게 주어진 시간도 많지 않은데 남의 말에 신경 쓸 여유는 없다.

블로그뿐만이 아니다. X나 인스타그램, 스레드와 같은 SNS

도 내게 편한 운영방식을 찾아야 한다. 부정적인 의견에 일일이 답을 할 필요는 없다. 부정적인 댓글 가운데는 나를 진심으로 걱정하는 의견은 없기 때문이다. 악플에 일일이 대응하기보다는 무시하는 연습을 하도록 하자. 그것이 어렵다면 댓글창을 닫아놓거나 상습적인 악플러는 차단하는 것도 방법이다. 사소한 일에 신경을 뺏기는 바람에 좋은 사람들과 소통할 시간이 부족해서는 안 된다. 온라인상에는 나를 험담하는 사람보다 응원하는 사람이 훨씬 많다는 것을 기억하라. 내가 잘되면 잘 될수록 안티도 늘어나겠지만 그보다 훨씬 많은 팬이 나를 응원한다.

온라인 인연을 스쳐 가는 인연이라며 경시하던 시절도 있었다. 이제는 그렇지 않다. 시간과 공간에 제약이 있는 물리적 모임보다 온라인 모임에서 자유롭게 맺은 인연이 오래가는 것도 흔한 일이 되었다. 얼마 전에 있었던 지인의 모친 장례식장에서는 친구들보다 온라인에서 알게 된 사람들이 조문객으로 더 많이 왔다. 이렇듯 온라인에서 맺은 인연도 소중하게 생각해야 한다. 글을 쓰며 알게 된 이웃들은 내가 평소에 꾸준히 루틴을 실행하는 것을 직접 본 사람들이다. 이들은 친구보다도 나를 잘 아는 사람들이다.

　나와 결이 맞는 이웃들과의 만남은 소중한 인연의 시작이다. 매일 인사를 나누는 것만으로도 서로의 믿음은 강해진다. 온라인에서 나를 응원해 주는 이웃이 늘어날수록 앞으로 하는 일에 큰 힘이 된다. 내가 먼저 다가가는 마음을 가져야 한다. 내가 진심으로 대하면 이웃들도 내게 마음을 열 것이다. 진심이 담긴 댓글로 사람의 마음을 얻을 수 있다면 소통에 사용되는 시간이 아깝지 않다. 블로그 운영, 글쓰기 모두 각자의 방법과 속도, 스타일이 있다. 당신이 하는 방법이 정답이라고 생각하라. 포기하지 마라. 자신을 믿는 만큼 온라인에서 당신의 세계가 탄생할 확률이 높아진다.

07
작은 성공에도 보상을 잊지 마라

자신의 기운을 북돋우는 가장 좋은 방법은 다른 사람의 기운을 북돋워 주는 것이다.

– 마크 트웨인

　루틴을 꾸준히 이어가는 데 필요한 것이 있다. 그것은 바로 보상이다. 항상 앞으로만 달려갈 수는 없다. 가끔은 쉬기도 하고 즐기기도 해야 한다. 그래야 오랫동안 지치지 않고 달려갈 수 있다. 남에게 인정을 받는 것도 좋지만 스스로 해주는 보상만큼 효과가 좋은 것은 없다. 아무런 보상도 없이 루틴을 반복하다가는 번아웃이 오게 된다. 채찍질만으로는 성공할 수 없다. 적절한 당근도 반드시 필요하다.

보상이라고 해서 값비싼 선물이나 먼 곳으로 떠나는 여행을 말하는 것은 아니다. 너무 큰 보상은 자칫 루틴을 무너뜨릴 위험이 있다. 큰 보상을 받게 되면 다음 보상을 더 큰 것으로 기대하는 보상심리가 생길 수도 있다. 자극에 익숙해지면 웬만한 자극으로는 만족하지 못하기 때문이다. 루틴이 흔들리지 않는 선에서 적절한 보상을 찾아야 한다. 평소에 가고 싶어도 가지 못했던 맛집을 찾는 것도 좋다. 액세서리나 책을 사는 것도 좋다. 주의할 점은 너무 과해서는 안 된다. 부담이 되지 않는 선에서 평소 하고 싶었던 일이나 가지고 싶었던 것을 구매한다. 마라톤 완주 후에 마시는 물 한 잔이 꿀맛으로 느껴지듯이 내가 평소 하고 싶었던 것을 하게 되면 피로가 싹 사라지고 목표에 대한 열정이 강해진다.

1일 1 포스팅의 목표치에 도달했을 때 지인과 함께 고기를 마음껏 먹었다. 예전 같았으면 며칠 동안 술자리를 이어갔을지도 모른다. 이제는 그렇지 않다. 딱 하루만 즐기고 다시 평소의 일상으로 돌아갔다. 여기서 말하고 싶은 것은 성공에 대한 보상은 루틴에 무리가 가지 않을 정도로 즐겨야 한다는 점이다. 기껏 만들어 놓은 루틴이 깨지게 되면 지금까지 고생한 보람이 사라지기 때문이다. 적절한 보상은 다음 목표를 이루기 위한 여정에도 도움이 된다.

2년 전에 블로그를 시작했을 때 함께 시작한 많은 이웃이 있었다. 이들 중에는 나보다 훨씬 앞서 있는 사람들도 있었다. 치밀한 계획을 세우고 번뜩이는 아이디어로 블로그를 운영하는 사람들이었다. 글도 잘 쓰고 강의도 잘하는 팔방미인들도 있었다. 사람들과의 모임을 즐기며 각종 모임의 리더로서 이름을 날리는 사람도 있었다. 2년이 흐른 지금 그들 중에 남아 있는 사람은 많지 않다. 잠깐 잘하는 사람들은 많다. 하지만 꾸준히 잘하는 사람은 많지 않다. 꾸준함이 재능 중에 하나로 불리는 이유이기도 하다. 블로그를 시작했을 때 활발히 소통하던 이웃들 가운데 현재 남아 있는 것은 채 10퍼센트가 되지 않는다.

잘하던 사람이 갑자기 그만두는 이유는 다양하다. 블로그에서 원하는 것을 얻지 못하는 바람에 실망했기 때문일 수도 있다. 글을 쓰는 것에 한계를 느낀 것일 수도 있다. 소통에 어려움을 겪었을 수도 있다. 주업이 바빠지는 바람에 시간을 도저히 낼 수 없는 상황에 처했을 수도 있다. 그들이 어떤 이유로 떠난 것인지는 정확히 알지 못한다. 한 가지 분명한 것은 떠나간 사람들은 지쳤다는 것이다. 어떤 이유에서건 그들은 지금까지 노력한 자신에게 제대로 된 보상을 해주지 않았다. 무조건 앞만 보고 뛴 것이다. 아무리 의지가 강한 사람이라고 해도 쉬지 않고 달리게 되면 퍼질 수밖에 없다. 지치는 것이 당연하다. 지치지 않기 위해서는 충분한 휴식이 필요하다. 조금 늦게 간다고 해서 뭐라고 할 사람은 없다. 하루쯤 건너뛰었다고 해서 비웃는 사람도 없다. 자신만이 알뿐이다. 아무렇지도 않듯이 툭툭 털고 돌아오면 그만이다. 안타깝게도 많은 사람들은 순간의 실수를 견뎌내지 못했다. 100일 챌린지를 진행하면서 다양한 포기 사례를 경험했다. 단 하루를 인증하지 못했다고 자책하며 나간 경우가 있었다. 여행으로 인해 며칠 인증을 못 해서 미안하다고 스스로 나가버린 경우도 있었다. 비록 100퍼센트 출석을 하지 못했지만 완주만으로도 대단한 것임을 그들은 알지 못했다. 실수는 누구나 하는 것이다. 다시 반복하지 않으면 된다.

지쳐서 포기하지 않기 위해서는 보상도 중요하지만, 그보다 먼저 챙겨야 할 것은 에너지 관리다. 아무리 중요한 일이라도

100퍼센트의 힘을 쓰는 것은 조심해야 한다. 평소에는 80퍼센트 정도의 힘으로 일을 하는 것이 좋다. 자기 계발 역시 마찬가지다. 빨리 성공하고 싶은 마음이 간절하다고 해도 함부로 에너지를 써서는 안 된다. 방전이 되어 버리면 충전하는 데 긴 시간이 걸린다. 회사에서도 에너지 관리가 필요하다. 아무리 중요한 프로젝트를 맡았다고 하더라도 매일 야근을 하고 철야를 해서는 안 된다. 그랬다가는 정작 중요한 순간에 쓰러지거나 실수할 가능성이 높아진다. 주변에서 아무리 닦달하더라도 지나치게 무리한 일정을 잡아서는 곤란한 일이 생긴다. 중간에 반드시 쉬는 시간도 필요하다.

모든 일을 완벽하게 하려는 마음이 나쁜 것은 아니다. 시작한 일이라면 완벽하게 하는 것이 좋다. 100일 챌린지에서 하루도 빠지지 않고 도전 과제를 완수했다면 완주했을 때의 기분은 몇 배로 좋아진다. 하지만 중간에 며칠을 빠뜨렸다고 완주의 의미가 퇴색되는 것은 아니다. 실수는 실수일 뿐이다. 그것이 실패로 이어지지는 않는다. 하지만 많은 사람들은 순간의 실수를 참지 못하고 포기하고 만다. 안타까운 일이다. 이렇듯 중간에 실수하고 포기하지 않기 위해서라도 자신에게 주는 보상이 있어야 한다. 오히려 실수했을 때 보상을 줘야 할 때도 있다. 열심히 했기 때문에 실수가 있는 것이다. 아무것도 하지 않았다면 실수도 없다. 작은 성공도 기뻐해야 한다. 성공에 대한 보상을 잊지 말아야 한다. 그래야 지치지 않는다. 끝까지 해낼 힘을 얻는다.

2장

루틴이
만들어준
인연과 배움

08

기회의 소중함 - 블로거 '엄마의 브랜딩'

나의 어느 부분도 원래부터 있었던 것이 아니다. 나의 모든 지인들의 노력의 집합체다.

- 척 팔라닉

블로그에서 소통을 통해 많은 사람들을 알게 되었다. 각자의 영역에서 열심히 노력하는 사람들이다. 이웃들과의 소통은 언제나 즐겁다. 내가 빠뜨리고 있거나 모르는 것들을 배울 수 있기 때문이다. 글을 쓰는 방법뿐만이 아니라 블로그 운영법, SNS 팔로워 늘리기, 퍼스널 브랜딩, 강의하는 법 등 여러 가지 유용한 지식을 배울 수 있었다. 그들과의 만남, 그리고 그들과 나누는 대화는 인사이트가 되어 내게 긍정적인 영향을 미쳤다. 그들과의 만남은 나를 증명해 주는 또 하나의 경력이 되어 가고 있다. 과거에 알고 지냈던 사람들은 나눔에 인색한 사람들이었다. 가족이나 가까운 지인들 외에는 알고 있는 지식을 나누지 않았다. 내가 블로그를 하지 않고 글을 쓰지 않았다면 나 역시 그들 중 한 명이었을 것이다. 나눔과 배움에 대한 소중함을 모르는 상태에서 나이만 헛되이 먹었을 것이다.

 글쓰기로 알게 된 사람들은 지금까지 내가 알고 지냈던 사람들과는 다른 마인드의 소유자들이었다. 자신이 알고 있는 것을 남에게 베푸는 것을 즐기는 사람들이었다. 지식을 나누는 것에 그치지 않았다. 동기부여뿐만이 아니라 새로운 환경을 경험해 볼 수 있는 기회를 제공해 주기도 했다. 마치 머리채를 잡아끄는 것처럼 그들은 내가 활동할 수 있는 환경을 만들어줬다. 어떤 일을 하기 위해서는 환경이 매우 중요하다. 사람은 환경만 제대로 설정이 돼 있다면 도전에 대한 두려움이 줄어든다.

 나는 새로운 일에 도전하기까지 많은 시간과 준비가 필요한 사람이었다. 자신감보다는 두려움이 앞섰기 때문이다. 두려움으로 인해 쉽게 행동으로 옮기지 못했다. 새로운 일을 앞에 두고 망설이던 나를 끌어 당겨준 것은 블로거 엄마의 브랜딩이다. 그녀는 내게 온라인 줌 강의가 어떤 것인지를 알려줬다. 남들 앞에서 나서기를 꺼리던 나에게 강의가 얼마나 재밌는지를 깨우쳐 줬다.

"검마사님, 강의 한 번 해보시겠어요?"

나른한 오후, 그녀의 한마디가 평온을 깨뜨렸다. 그날은 그녀가 줌 강의를 하기로 약속한 날이었다. 그녀의 강의를 듣기 위해 대기 중이었던 내게 그녀는 뜻밖의 제안을 했다. 한 시간 동안 진행될 강의 중간에 10분 정도 강의를 해달라는 것이다. 아무런 준비가 되어 있지 않았던 나에게는 청천벽력과도 같은 제안이었다. 지금까지 강의라고는 회사에서 PPT 자료를 발표하거나 프로젝트에 대한 발표를 한 경험밖에 없었다. 회사에서의 경험과는 난이도가 다른 문제였다. 다수의 사람 앞에서, 그것도 처음 보는 사람들 앞에서 이야기해야만 했다. 예전의 나였다면 바로 거절했을 것이다. 다행히도 당시의 나는 생각이 조금 오픈된 상태였다. 글을 꾸준히 쓴 덕분이다. 그래도 바로 결정하지 못하고 잠시 시간을 달라고 요청했다. 화장실에 다녀오는 길에 여러 가지 생각을 했다. 머릿속이 복잡했지만 결국에는 하기로 결정했다. 왠지 여기서 물러나면 다시 기회를 잡지 못할 것만 같은 느낌이 들었기 때문이다.

그녀는 평소에도 이웃들이 도움이 되는 것이 있다면 나누는 것을 아끼지 않는 멋진 이웃이다. 그녀가 만든 단톡방은 서로의 노하우를 나누고 응원하는 사랑방 역할을 했다. 내가 그 방에 들어간 것은 행운이었다. 단톡방의 시작부터 지금까지 함께 하고 있다. 그 방에서 얻은 도움은 지식과 정보뿐만이 아니다. 서로를 응원하며 도움이 필요할 때는 주저하지 않고 글을 올렸다. 함께 파이팅하는 분위기는 불가능을 가능하게 만들었다. 아무런 준비도 없이 온라인 줌 강의 제안을 바로 수락하게 된 것도 그 방에서 얻은 에너지 덕분이다. 강의를 승낙하긴 했지만, 준비할 시간이 많지 않았다. 부랴부랴 자료를 만들고 리허설을 했다. 처음 해보는 줌 강의에 떨리는 마음을 감출 수 없었다.

다행스럽게도 강의는 나쁘지 않게 마무리됐다. 10분이 조금 넘는 짧은 강의였지만 강의하는 내내 잔뜩 긴장했다. 어떤 이야기를 했는지 기억이 나지 않을 정도였다. 시간이 참 빠르게 흘러간다는 느낌만이 남았다. 경험은 큰 자산이 된다. 이때의 경험은 나도 강의를 할 수 있다는 자신감을 갖게 했다. 더 이상 강의가 두렵지 않다. 이제는 10분이 아닌 1시간 이상을 남들 앞에서 이야기할 수 있는 자신감을 갖게 됐다. 온라인뿐만 아니라 오프라인 강의도 마다하지 않게 됐다. 이제는 강의를 기다리지 않고 내가 기획해서 열고 있다. 여전히 긴장은 되지만 기분 좋은 긴장이다. 어느새 강의를 즐기고 있다. 이 모든 것은 나에게 기회를 준 블로그 이웃 엄마의 브랜딩 덕분이다.

그녀의 장점은 남들에게 잘할 수 있다는 희망을 주는 것이다. 그녀는 남다른 감각으로 이후에도 내 선택에 큰 도움을 줬다. 나에게만 그런 것이 아니다. 다른 이웃들에게도 조언을 아끼지 않았다. 내게 필요했던 것은 과감함이었다. 그날 있었던 선택의 순간은 아직도 잊을 수 없다. 강의를 통해 얻은 실행력은 루틴을 설계할 때도 도움이 됐다. 때로는 어려워 보이는 루틴을 진행해야 할 때도 있다. 그럴 때면 처음 강의했던 날을 떠올린다. 걱정해서는 쉬운 일도 실수를 하게 된다. 걱정할 시간에 어떻게 하면 잘할 수 있을지 계획하는 편이 낫다. 막상 해보면 별것 아닌 일들이 대부분임을 알아야 한다.

09
꾸준함은 재능 - 블로거 '데미안'

하루하루 전력을 다하지 않고는 그날의 보람은 없다. 보람 없는 날의 반복으로 최후의 목표가 달성될 리 없다. 위대한 인생은 눈에 보이지 않는 성장을 통해 만들어진다.

— 쇼펜하우어

 루틴이 효과를 보기 위해서는 반드시 필요한 것이 있다. 바로 꾸준함이다. 꾸준함이 없다면 아무리 좋은 루틴이라고 해도 제대로 기능을 발휘할 수 없다. 나를 바꾼 것도 꾸준함의 힘이다. 블로그를 처음 시작했을 때는 아무것도 없는 상태였다. 주변은 온통 나보다 글을 잘 쓰고 재능이 뛰어난 이웃들로 가득했다. 언제쯤 그들을 따라갈 수 있을지 막막하기만 했다.

2년이 지난 지금은 그들 중에 남아 있는 이가 많지 않다. 도대체 그사이에 무슨 일이 일어난 것일까? 이유는 간단하다. 그들에게는 재능이 있었지만 꾸준함이 부족했다. 그들에 비해 한참 뒤처져 있었던 내가 결국에는 따라잡을 수 있었던 것도 꾸준함을 잃지 않은 덕분이다.

블로그를 운영하는 시간이 길어질수록 꾸준함의 힘을 느낀다. 시작할 때만 해도 버려져 있다시피 했던 내 블로그는 이제 하루에도 수백 명의 이웃이 방문하는 인기 블로그가 됐다. 초반의 무관심을 극복하고 꾸준하게 글을 올린 덕분이다. 글을 끊임없이 올릴 수 있었던 것은 글을 발행하기 위한 루틴을 설계했기 때문이다. 현재는 하루에 두 개의 글을 블로그에 올리고 있다. 첫 글은 새벽 5시에 올린다. 두 번째 글은 점심을 먹기 전, 그러니까 11시 반쯤에 올라간다. 글이 발행되는 루틴은 평일과 주말의 구분이 없다. 1년이 넘도록 해당 루틴을 지킨 결과 이웃들이 끊이지 않고 내 블로그를 방문하고 있다. 2년 동안 1,900개의 글을 발행했다. 글은 많이 쓰면 쓸수록 실력이 늘어난다. 이제는 마음만 먹으면 하루에도 몇 개의 글을 빠르게 쓸 수 있다. 지금은 글을 발행하는 것을 당연하게 여기고 있지만 처음부터 글쓰기의 효과를 믿었던 것은 아니다. 1일 1 포스팅을 시작할 때만 해도 마음속에는 불신으로 가득했다. 매일 글을 쓰는 것이 내 인생을 바꿀 것이라고 믿지 않았다. 급하게 처리할 일이 없었기 때문에 글을 쓰면서 마음을 달래고자 했다. 1일 1포스팅을 하고 한 달이 지났음에도 큰 변화가 없었다. 여기가 마지막인가 하는 생각이 들 즈음에 나를 잡아준 이가 있었다.

나에게 꾸준함을 알려준 것은 데미안이라는 닉네임을 가진 블로거이다. 그는 나와 이웃을 맺을 때도 몇만의 이웃을 가진 대형 블로거였다. 그는 내가 블로그를 시작한 지 얼마 안 되는 기간에 서로이웃을 맺었다. 내 블로그의 성장을 처음부터 지켜본 소중한 이웃이다. 1일 1 포스팅을 시작한 지 얼마 안 됐을 때부터 그의 댓글이 달리기 시작했다. 그의 댓글은 자칫하면 중간에 포기했을지도 모르는 내 마음을 붙잡았다. 그때나 지금이나 그의 존재감은 대단하다. 많은 이웃이 블로그와 글쓰기 멘토로 삼고 있는 대단한 블로거다. 그런 그가 나에게 관심을 둔다니 영광이 아닐 수 없었다. 그는 단순히 관심만 준 것이 아니었다. 블로그 운영에 대한 노하우를 알려주고 글쓰기에 대한 마음가짐도 알려줬다. 블로그 프로필 사진을 연예인 사진이 아닌 내 실제 사진으로 바꾼 것도 그의 조언 덕분이었다. 서로이웃의 막강한 힘을 알려준 것도 그였다.

네이버 블로그에서 서로이웃은 막강한 힘을 가진 존재들이다. 서로 이웃 숫자를 5천 명으로 제한하고 있는 것도 서로이웃의 막강한 기능의 악용을 막기 위해서다. 서로이웃은 인스타그램의 팔로잉처럼 서로를 이웃으로 맺은 사이다. 내 힘으로 만들 수 있는 서로이웃이 5천 명이라는 의미이기도 하다. 서로이웃이 되면 내가 쓴 글이 서로이웃을 맺은 상대의 이웃 블로그 글에 바로 뜨게 된다. 그만큼 서로를 방문하기 편해지는 것이다. 서로이웃이 늘어나게 되면 조회 수와 방문자 수가 늘어난다. 내 글이 메인에 노출될 확률도 높아진다. 그의 이웃들에게 서로이웃 신청을 하게 되자 이웃이 빠른 속도로 늘어났다. 이웃이 늘어나는 것은 그만큼 내 영향력이 커지는 것을 의미한다.

그는 글쓰기에 항상 진심이다. 글쓰기에 자신만의 철학이 있다. 그가 강조하는 것은 크게 두 가지이다. 첫 번째는 꾸준히 쓰는 것이다. 그는 꾸준함의 힘을 몸소 보여주는 블로거이다. 그를 몇만 명의 이웃을 가진 대형 블로거로 만들어준 것도 꾸준함 덕분이었다. 그는 루틴의 중요성을 잘 알고 있다. 꾸준히 글을 쓰기 위해서는 완벽함을 추구하기보다는 일단 발생을 하라는 것도 그가 알려준 노하우 중 하나이다. 두 번째는 막 쓰라는 것이다. 글을 공들여 쓰다 보면 많은 시간이 필요하다. 완벽하게 쓰고 싶은 욕심은 글을 쓰기 어렵게 만든다. 꾸준하게 글을 쓰려면 완벽주의를 버려야 한다. 그의 조언대로 완벽주의를 내려놓고 막 쓰게 되자 글에 대한 부담이 줄어들었다. 글을 쓰는 것이 재밌어졌다. 신기하게도 막 쓴 글 중에는 이웃들의 공감을 불러 모은 글이 제법 많다. 편하게 써서 그런지 이웃들도 편하게 읽은 모양이다.

좀 더 많은 글을 쓰기 위해서 '15분 글쓰기'를 연습했다. '15분 글쓰기'란 15분 동안 머리에서 떠오른 생각을 빠르게 쓰는 것이다. 그가 알려준 것처럼 글쓰기 실력을 늘리기 위한 최고의 방법은 많이 쓰는 것이었다. 글쓰기 코칭을 따로 받지 않았던 내가 전자책을 출간하고 종이책까지 쓸 수 있게 된 것은 꾸준하게 글을 쓴 덕분이다. 글을 꾸준히 쓰기 위해서 떠오른 글감을 바로 저장하거나 글로 남겨야 한다는 것도 그가 알려준 노하우 중의 하나이다. 글을 쓸 여유가 안 되면 간단히 메모하라고 알려줬다. 그의 조언대로 글감을 모으게 되자 글에 대한 어려움이 다소 줄어들었다.

그는 오프라인에서 처음 만난 이웃이기도 하다. 첫 만남 때의 기억이 아직도 생생하다. 환한 표정으로 약속 장소로 걸어오는 그는 흡사 연예인을 보는 것 같았다. 그도 그럴 것이, 내 블로그 스승이자 멘토인 그였다. 그와 만남은 좋아하는 연예인과의 팬미팅 자리 같았다. 첫 만남에서 얻은 것이 너무도 많았다. 술이 없어도 남자 둘이 긴 시간 동안 대화를 나눌 수 있다는 것을 알게 되었다. 책과 글쓰기에 관한 이야기를 나누다 보니 어떻게 시간이 흘러갔는지 깨닫지 못할 정도였다. 그와 만남 이후 내 인생은 크게 요동치기 시작했다. 다른 블로그 이웃들과 작가들과의 만남에 거부감을 느끼지 않게 된 것도 그와 만남에서 얻은 좋은 느낌 덕분이다. 그는 책과 글쓰기에 누구보다도 진지함을 가지고 있다. 꾸준함도 누구에게도 지지 않는다. 그의 성장은 앞으로 계속될 것이다. 그의 행보를 응원하며 뒤처지지 않게 그의 뒤를 따르겠다.

10

인생의 스승 - 인플루언서 작가 '부아c'

얼마나 많은 실수를 하든, 얼마나 더디게 진행하든, 당신은 여전히 시도하지 않는 모든 사람보다 훨씬 앞서 있습니다.

- 토니 로빈스

스승은 세상을 살아가는 데 있어서 큰 영향을 미치는 존재들이다. 내가 말하는 스승은 단순히 학교에서 강의하는 선생님을 말하는 것이 아니다. 삶을 살아가는 데 있어서 가르침을 주는 인생의 스승을 말한다. 아쉽게도 지금까지 스승이라고 부를 만한 존재가 없었다. 과거 스승들에게는 안 좋은 기억만 남아 있다. 내가 학교에 다닐 때는 권위적인 스승들이 많았다. 야간 자율 학습 시간에 공부는 안 하고 소설을 쓴다며 친구들

앞에서 노트를 갈기갈기 찢어버린 스승도 있었다. 가방을 도둑맞았을 때는 피해자였던 나를 범인으로 의심한 스승도 있었다. 나에게 있어서 스승은 따뜻하기보다는 차갑고 두려운 존재였다.

고등학교 2학년 때의 담임은 조금 다른 느낌이었던 것으로 기억한다. 그는 내가 경험했던 선생님과 조금 다른 유형의 사람이었다. 그는 다른 선생님들에 비해 열정이 넘쳤었다. 단순히 담임 일만 하지 않았다. 수업 이외의 시간에 각자의 재능을 살려서 글을 쓰거나 그림을 그리는 것을 권했다. 나도 그가 담임일 때는 쓰고 있던 소설이 빼앗기거나 찢길 염려를 덜 수 있었다. 학기가 마무리되었을 때는 모두의 글과 그림으로 채워진 공저 책을 내기도 했다. 지금 생각해 보면 꽤 앞선 생각이 아니었나 싶다. 공저 책을 나눠주면서 졸업 후 10년이 지난 오늘 남산 팔각정에서 만나자는 약속을 하기도 했다. 어느덧 10년의 세월이 흘렀다. 아쉽게도 팔각정에 선생님은 오지 않았다. 대신 스승을 날이 되었을 때 몇 명의 동창들과 함께 선생님을 찾아갔다. 그에게 큰 기대는 없었다. 그저 과거의 이야기를 나누고 싶었을 뿐이다. 10년 뒤에 만난 그는 예전의 다정했던 선생님이 아니었다. 우리를 보고 놀라지도 않고 반가워하지도 않았다. 그렇게 선생님과의 기억은 끝이 났다. 그는 마지막 희망이었다. 마지막 희망까지 사라진 지금은 스승에 대한 은혜는 내 마음에 남아 있지 않았다.

블로그에서 스승을 찾게 될 줄은 몰랐다. 블로거 부아c는 내게 블로그 및 글쓰기 스승이자 멘토이다. 그는 베스트셀러 〈부의 통찰〉, 〈부를 끌어당기는 글쓰기〉의 저자이자 블로그를 포함한 SNS의 총 팔로워수가 40만에 이르는 인플루언서 작가이다. 그에게서 배운 것은 단순한 글쓰기 스킬이 아니었다. 글을 쓰는 마음가짐에 대해 배웠다. 지금까지 나는 다른 사람의 것을 빼앗지 못하면 내 것을 빼앗긴다고 생각하고 살아왔었다. 이기적인 마음은 세상을 우울하게 바라보게 한다. 그가 알려준 것은 남을 돕는 것은 결국 나를 돕는다는 것이었다. 남을 돕기 위한 글을 쓰기 위해서는 글을 제대로 쓰기 위한 루틴이 필요했다. 그에게 특정 시간에 글을 올리는 방법을 배웠다. 긍정적이고 따뜻한 글을 어떻게 써야 하는지도 배웠다. 앞서가는 다른 사람들에 신경 쓰지 말고 각자의 방법과 속도로 노력하라는 마음가짐도 배울 수 있었다.

세상은 혼자 살 수 없다. 아무리 재능이 뛰어난 사람도 모든 것을 홀로 처리하려면 어려움을 겪을 수밖에 없다. 함께 하게 되면 막힌 문제를 빠르게 풀 수 있다. 블로그에서 맺은 인연은 멘토와 멘티로서 서로를 응원하고 끌어 주며 함께 성장하는 관계이다. 사람과의 관계에서 외로움을 느끼고 있다면 블로그에 입문하기를 추천한다. 답답한 마음을 호소하고 싶다면 블로그에 포스팅하면 도움을 받을 수 있다. 혼자 끙끙 앓아봤자 알아주는 사람은 아무도 없다. 블로그에서 마음이 맞는 이웃을 찾는다면 더 이상 혼자 고민할 필요가 없게 된다. 빠르게 성장하고 싶다면 잘하는 블로거를 멘토로 정해라. 내가 부아c와 데미안을 멘토로 정했던 것처럼 말이다. 그들을 멘토로 삼고 그들의 방법을 따라 했다. 그 과정에서 많은 것을 배우고 깨달았다. 이제는 나를 멘토로 생각하는 이웃도 생겼다. 매일 멘토의 블로그를 방문해서 공감과 댓글을 남겨라. 나와 생각의 결이 비슷한 이웃들이 내 존재를 눈치챈다. 내 블로그를 찾아온 이웃들을 놓치지 말고 서로 이웃으로 맺어라. 이웃들이 늘어나면 내 영향력도 늘어난다. 그만큼 내가 쓴 글에 힘이 붙게 된다. 폭발적인 성장은 덤이다.

루틴에 대해서도 그는 많은 것을 알려 줬다. 블로그뿐만 아니라 다른 SNS에도 꾸준히 글을 올려야 하는 것이 얼마나 중요한 것인지를 알려줬다. 그의 가르침 덕분에 팔로워를 3만 명까지 늘릴 수 있었다. 팔로워의 힘은 전자책을 출간했을 때 경험했다. 전자책은 종이책과는 달리 특정 툴을 사용해야만 볼 수 있는 책이다. 그렇기 때문에 홍보에 어려움을 겪을 수 있다. 손으로 만지지 못하는 책이기 때문에 일반인들은 거의 전자책에 대해 알지 못한다. 친한 이웃이라고 할지라도 전자책에 대한 홍보는 어려울 수밖에 없다. 하지만 그가 알려준 대로 팔로워를 늘리고 글을 통해 홍보하게 되자 전자책이 불티나게 팔려나갔다. 교보문고와 예스24 등의 온라인 서점에서 베스트셀러에 오르는 경험을 할 수 있었다. 팔로워들은 내가 얼마나 꾸준히 하고 있는지를 보고 있다. 한동안 글을 올리지 않으면 팔로워가 하나둘 떨어져 나간다. 꾸준함을 유지해야 하는 이유다. 대신 꾸준함을 유지하게 되면 SNS에 내 책을 홍보할 때 큰 힘이 되는 것이 팔로워들이다. 부아c 덕분에 가성비 좋은 홍보 방법을 알게 됐다.

블로그를 하기 전에는 세상과 외로운 싸움을 벌여야 했다.

사회에서 맺은 인연은 서로를 누르기 위해 노력하는 경쟁자들이었다. 동창들도 내 마음을 알아주지 않았다. 글로 맺어진 이웃들은 지금까지의 인연과 달랐다. 서로를 응원하며 성장하고 있다. 부아c는 좋은 사람 옆에는 좋은 사람이 있다는 것을 알려줬다. 남을 돕는 것이 나를 돕는 것이라는 것도 알려줬다. 앞으로 다가올 미래를 어떤 식으로 준비해야 할지도 알려줬다. 이제는 내가 배운 것을 세상에 알릴 차례이다.

11
생각보다는 실행 - 작가 박수용 '북크북크'

지금 힘든 시간을 보내고 있다면, 오히려 그 시간이 당신에게 선물을 주고 있는 것일지도 모른다. 그 시간들이 당신이 '시련에도 견뎌내는 힘'을 키우도록 돕고 있는 것일지도 모른다.

- 부아c

    생각만 하고 있어서는 아무 일도 일어나지 않는다. 아무리 좋은 아이디어나 생각이 있더라도 이것을 행동으로 옮기지 않는다면 아까운 시간만 낭비할 뿐이다. 미라클 모닝을 마음만 먹어서는 아침에 일찍 일어날 수가 없다. 내일은 반드시 할 것이란 결심은 결국에는 안 하겠다는 말과 차이가 없다. 도전을 못 한 채로 시간만 흘려보내게 되면 자존감이 낮아진다. 이처럼 실행력은 성공을 위한 중요한 요소이다. 블로그에서 만난 사람 중에는 내가 가지지 못한 실행력을 가진 이들이 있었다. 작가 박수용 북크북크는 내가 아는 사람 중에서 가장 실행력이 뛰어난 사람이다. 그는 글을 쓰기 시작한 지 1년 만에 종이책 2권을 썼고 전자책 5권을 썼다. 그는 여기서 멈추지 않았다. 출판사를 만들고 출판업에도 뛰어들었다. 동기부여 강사의 길도 준비 중이다.

박수용 작가는 나와 비슷한 시기에 블로그를 시작했다. 당시 그의 직업은 군인이었다. 훈련으로 인해 글쓰기가 쉽지 않은 환경에서도 그는 포기하지 않았다. 밤잠을 아껴가며 열심히 글을 쓴 결과 1년이 지난 뒤에는 나와 큰 차이가 벌어졌다. 내가 간신히 블로그 이웃 1만 명을 돌파했을 때, 그는 팔로워 수 5만을 넘겼다. 그는 유튜브에도 손을 댔다. 유튜브를 시작하자마자 대박이 터졌다. 1주일 만에 구독자 1만 명을 넘긴 것이다. 그야말로 무시무시한 속도와 실행력이었다. 그의 엄청난 성장은 단순히 운이 따랐다고 말할 수는 없다. 누구보다도 땀을 흘리며 노력한 결과다. 그의 활약은 여기에서 멈추지 않았다. 남들은 한 권도 내기 힘들다는 종이책을 1년 만에 2권이

나 출간했다. 종이책을 쓰는 와중에도 전자책을 5권이나 출간했다. 내가 전자책을 쓰는 동안 그는 전자책뿐만 아니라 종이책으로도 작가 데뷔에 성공한 것이다.

블로그를 시작한 시기가 비슷했던 덕분에 그와는 지금도 가까운 관계를 유지하고 있다. 서로 도움이 되는 일이 있다면 발 벗고 나서는 사이이다. 자주 연락하다 보니 그와 관련된 에피소드가 많다. 얼마 전에는 이런 일이 있었다. 그가 두 번째 책을 준비하고 있었을 때의 일이다. 그의 블로그에 글이 한 개 올라왔다. 자신이 얼마짜리인가를 고민하며 올린 글이다. 갑자기 떠오른 생각을 댓글로 남겼다.
"작가님, 얼마를 받으면 글쓰기를 포기할 건가요? 아마 백억을 준다고 해도 안 할 것 같은데요? 그것이 바로 작가님의 가치입니다."
그의 두 번째 책인 〈나는 얼마짜리인가〉의 주제가 정해진 순간이다. 그는 주제가 정해지자마자 빠른 속도로 책을 썼다. 그의 두 번째 책이 나온 날, 마치 내 책이 나온 것처럼 기뻤다. 그는 고맙게도 이 책과 관련된 강의를 할 때마다 나에 관한 이야기를 빼먹지 않고 항상 언급했다. 이렇듯 우리는 서로에게 좋은 영향을 주는 관계로 성장하고 있다.

그의 꿈은 베스트셀러 작가를 넘어 국내 최고의 동기부여 강사가 되는 것이다. 현재의 기세라면 꿈이 이뤄질 날이 머지않았음을 느끼게 한다. 그는 생각과 동시에 움직인다. 마치 브레이크가 없는 폭주 기관차와 같은 실행력이다. 그의 실행력을 보면 항상 반성하게 된다. 나도 예전에 비해 실행력이 늘었지만, 그에 비하면 한참 부족한 수준이다.

사회에서는 상대를 무조건 이겨야 한다고 가르친다. 성적으로 줄을 세우는 환경에서는 남을 밟고 올라서지 않으면 원하는 것을 얻을 수 없었다. 다행스럽게도 글쓰기 세계에서는 서로의 밥그릇을 뺏을 필요가 없다. 각자의 영역에서 각자의 스타일로 성공할 수 있다. 서로를 간섭하고 미워할 필요도 없다. 이웃은 경쟁자가 아니라 도움을 주는 동료이다. 박수용 작가와 같이 앞서가는 이웃에게 부러움과 질시의 눈빛을 보내기보다는 진심 어린 응원과 박수를 보내야 한다. 그들은 혼자 성공하는 것을 원하는 사람이 아니기 때문이다.

그의 최고 장점인 실행력은 그를 계속해서 앞으로 나가게 할 것이다. 그의 엄청난 행보를 보면서 영향을 받지 않을 수 없다. 예전에는 망설였던 일도 과감하게 시도할 수 있는 것은 그가 보여준 과감함 덕분이다. 내가 망설이는 모습을 볼 때마다 그는 말한다.

"그냥 하세요."

그의 말이 맞다. 그냥 해야 한다. 이것저것 따지다 보면 실행으로 옮길 타이밍을 놓친다. 행동으로 옮기더라도 좋은 기회를 놓친 다음일 수도 있다. 남들의 뒤만 따라가다 보면 지쳐서 포기하게 된다. 한계에 부딪히기 전까지는 도전해야 한다. 한계는 내가 긋는 선이다. 세상에 불가능한 일은 없다. 스스로가 불가능하다고 생각하니까 불가능해진다. 그는 불가능과 불편함을 구별해야 한다고 말한다. 불편하게 느껴지는 것을 극복해야 성장이 있다. 그는 불편한 감정이 느껴질 때면 망설이지 않고 과감하게 행동으로 옮겼다. 그 결과로 짧은 시간 동안 눈부신 성과를 이뤄냈다. 신중함을 핑계로 실행을 망설이던 나에게 그는 실행력을 알려줬다. 예전에 비해 과감하게 도전을 할 수 있는 것도 그가 곁에서 보여준 실행력 덕분이다. 요즘은 행동력이 좋다는 소리도 듣고 있다. 이 책을 읽고 있는 당신에게도 기회가 왔다. 지금 떠오른 생각이 있다면 바로 행동으로 옮겨라. 도전을 망설이지 마라. 일단 시작하면 어떻게든 될 것이라고 믿어라. 자신을 믿고 도전하라.

12
인생은 마라톤 - 블로거 '예스팝'

기억하라. 당신이 한 번도 가져본 적이 없는 것을 갖고 싶다면, 지금껏 한 번도 해본 적 없는 일을 해야만 한다.

– 하와이 대저택

　인생은 흔히 마라톤에 비유된다. 대회가 시작되면 포기하기 전까지는 앞으로 달려야 한다. 인생도 그렇다. 시작했으면 계속 앞으로 달려야 한다. 중간에 멈춰서는 안 된다. 시작했으면 어떻게든 완주해야 한다. 마라톤에 출발점과 결승점이 있다면 우리의 인생에는 탄생과 죽음이 있다. 자기 계발은 평생 멈추지 말아야 할 과제이다. 성장을 멈춘 삶은 죽은 삶과 다르지 않다. 성장이 없다면 퇴보만이 있을 뿐이다.

마라톤 완주를 하려면 체력이 필요하다. 인생을 무리 없이 완주하려면 역시 체력이 필요하다. 내 인생이 나락으로 떨어졌을 때 버티게 해준 것은 체력의 힘이었다. 만약에 체력마저 무너졌다면 블로그를 시작하지 못했다. 루틴을 만들지도 못했다. 모든 것이 무너진 상태에서도 체력이 있었기에 건강이 유지되고 있었기에 블로그를 시작할 수 있었다. 새벽 루틴을 만들고 꾸준히 실행했다. 새벽 4시에 하루 일과가 시작된다. 밤 11시가 되어야 일과가 마무리된다. 잠을 잘 수 있는 것은 하루에 5시간 정도다. 남들에 비해 짧은 수면 시간에도 정상 컨디션을 유지할 수 있는 것은 그동안 헬스장에서 흘린 땀 덕분이다.

운동을 시작한 계기는 단순했다. 죽기 싫어서였다. 젊었을 때부터 술을 좋아했던 나는 끊임없이 이어지는 술자리 때문에 건강에 적신호가 켜졌다. 젊음으로 버틸 수 있는 것도 한계가 있었다. 나이를 먹게 되자 지금까지 아무런 문제가 없었다고 생각했던 건강에 금이 가기 시작했다. 급기야 당뇨병 판정을 받았다. 당뇨로 인한 합병증의 무서움을 알기에 운동을 시작했다. 매일 땀을 흘린 덕분에 당 수치가 정상으로 돌아오게 됐다. 살을 빼기 위해 운동을 시작했을 뿐이다. 마라톤으로 이어질 줄은 꿈에도 몰랐다.

　블로그에서 알게 된 예스팝은 글보다는 달리기에 관심이 많은 이웃이다. 글쓰기 모임에 속해 있는 그이지만 진정한 꿈은 전 세계를 달리는 것이다. 걸어서 세계 일주를 하겠다는 의미는 아니다. 지구를 한 바퀴 도는 만큼의 거리를 평생 달리겠다는 의미다. 그가 달리기를 인생의 목표로 삼은 것은 과거에 달리기가 그를 살렸기 때문이다. 내가 글쓰기로 변화를 경험한 것처럼 그는 달리기를 통해 인생을 바꾸고 있었다. 그가 바라는 것은 무라카미 하루키와 같이 글을 쓰며 달리는 작가였다.

　그를 알게 된 것은 더 퍼스트 모임 덕분이었다. 그의 권유로 마라톤을 시작했다. 그전까지는 마라톤이라고 하면 42km의 풀코스만 알고 있었다. 5km, 10km, 하프(21km)의 다양한 코스가 있는지 몰랐었다. 그는 완주가 중요하지, 거리와 속도는 중요하지 않다고 했다. 5km의 짧은 거리라고 해도 완주에 의미가 있다는 것을 알려줬다. 중요한 것은 거리와 속도가 아니라 끝까지 달리는 것이었다. 그의 권유로 생애 처음으로 마라톤 대회에 참가했다. 입문자 코스인 5km가 아닌 10km를 신청한 것은 지금까지 헬스장에서 꾸준히 달리며 쌓아 놓은 체력을 믿었기 때문이다. 목표는 기록이 아니라 완주였다. 첫 대회였음에도 완주에 성공했다. 그것도 예상보다 좋은 기록이었다. '결승점을 통과하는 순간, 이 맛에 마라톤을 하는구나.'라는 생각이 들었다.

결승점을 통과하는 순간 마라톤의 의미를 깨달았다. 왜 인생을 마라톤에 비유하는지도 알게 됐다. 달리기를 시작했다면 완주해야 의미가 생기는 것이 마라톤이다. 결승점에 도달하는 순간의 짜릿함도 좋지만, 그 과정에 더 큰 의미가 있다. 한 걸음 한 걸음이 모여 기록이 되고 완주가 된다. 자신을 제대로 파악하지 못하고 오버하면 중간에 포기할 수도 있는 것도 인생과 닮았다.

다음 도전은 하프였다. 하프 코스는 21.5km를 뛰어야 한다. 2시간이 넘는 시간을 쉬지도 않고 달려야 했다. 10km 때와는 달리 '내가 할 수 있을까'하는 부담스러운 마음도 들었다. 하지만 나는 더 이상 과거의 우유부단하던 내가 아니다. 의심을 누르고 연습에 몰두했다. 10km를 기본으로 조금씩 거리를 늘렸다. 12km까지는 무난했지만 18km가 넘어가니 몸에 무리가 오기 시작했다. 18km를 뛴 다음 날에는 허리가 끊어지는 것 같았다. 며칠을 끙끙 앓고 난 뒤에야 몸 상태가 정상으로 돌아왔다. 18km를 완주한 자신감으로 이번에는 21km에 도전했다. 결과는 성공이었다. 혼자의 힘으로 21km 완주에 성공했다. 이제 남은 것은 실전뿐이었다. 대회 당일이 되어 기대하고 출발선에 섰다. 출발신호가 떨어지자마자 힘차게 앞으로 달려 나갔다. 준비는 충분했다. 코스를 미리 익혔으며 전날 식단도 신경 썼다. 준비를 착실히 한 덕분에 당일 컨디션은 최고였다. 결승점을 통과했을 때 내 기록은 1시간 58분이었다. 2시간 안에 완주를 성공한 것이다. 그동안의 노력이 보상을 받는 순간이었다.

완주를 위해 달리기 루틴을 설계하고 실행했다. 1년 만에 하프 마라톤 완주에 성공할 수 있었던 것은 처음부터 욕심을 내지 않고 차근차근 거리를 늘린 전략이 성공을 거둔 것이다. 새벽 글쓰기와 운동으로 다져진 루틴은 마라톤 준비를 수월하게 할 수 있게 했다. 이제 남은 것은 풀코스 도전이다. 빠르면

1년, 늦어도 2년 안에 도전할 생각이다.

　루틴의 장점 중의 하나는 좋은 인연을 끌어당긴다는 것에 있다. 루틴을 설계하고 꾸준히 실행한 덕분에 새로운 인연들을 만들게 됐다. 블로그를 통해 만난 인연 덕분에 마라톤의 재미를 알게 됐고 달리기 루틴을 만들 수 있었다. 자기 계발 모임에서 만난 인연 덕분에 줌 강의를 했다. 연사로서 강단에 서는 경험을 했다. 전자책을 쓰고 종이책도 쓸 수 있게 됐다. 인생은 이처럼 어떤 사람들과 함께하느냐에 따라 삶의 방향이 바뀐다. 독서와 글쓰기 등의 자기 계발을 꾸준히 하는 사람들과의 인연을 환영해야 한다. 내가 나태해지려고 할 때마다 그들은 나를 잡아준다. 새로운 정보가 있으면 발 빠르게 알려준다. 든든한 동료들과 함께 할 수 있기에 인생에 불가능은 없다.

4부

나다움의 루틴

1장

흔들리지 않는
루틴
만들기

01

건강 유지 루틴

좋지 않은 중독을 끊어내지 못하는 이유는 글자 그대로 끊어내야 할 이유를 찾지 못했기 때문이다. 그러니 '운동해야 한다, 술과 담배를 끊어야 한다, 건강한 음식을 먹어야 한다'는 강박관념에 시달릴 필요는 없다. 이 모든 것을 한꺼번에 해결할 수 있는 삶의 진정한 의미와 이유를 찾는 데 에너지를 집중하면 된다.

― 보도 섀퍼

    루틴을 꾸준하게 실행하기 위해서는 건강한 몸이 필요하다. 건강하지 않다면 아무리 좋은 루틴이라도 오랫동안 지속하지 못한다. 체력이 약하다면 루틴을 제대로 실행하지 못한다. 몸이 아픈 상태에서는 루틴을 제대로 이어가지 못한다. 아무리 의지가 강한 사람이라고 해도 몸에 문제가 있다면 좋은 아이디어를 실행으로 옮길 수 없다. 루틴을 통해 원하는 것을 얻기 위해서는 먼저 몸이 건강해야 한다. 건강한 상태를 유지해야 한다. 그렇다면 어떻게 해야 건강한 몸을 유지할 수 있을까?

건강한 몸을 유지하기 위해서는 잘 먹어야 한다. 많이 먹으라는 것이 아니다. 내 몸에 필요한 음식을 가려 먹어야 한다는 의미다. 인터넷을 검색해 보면 많은 식단법이 나온다. 그중에서도 요즘 핫한 식단법은 저속 노화 식단이다. 저속 노화는 늙는 속도를 늦추는 것을 말한다. 저속 노화 식단은 세포 손상을 줄이고 염증을 억제하며 장기적으로는 건강 수면을 늘리는 데 목표를 가진 식단이다. 식단 관리가 중요한 이유는 사람은 먹지 않으면 살 수 없기 때문이다. 잘못된 식습관을 가지고 있다면 세끼를 반복하게 된다. 그로 인한 영향력은 운동보다 훨씬 강력하다. 예를 들어 밥 한 공기(약 300kcal)를 완전히 소모하려면 1시간을 걷거나 유산소 운동을 해야 한다. 아무리 운동해도 살이 빠지지 않는다고 호소하는 사람들이 있다. 이런 사람들은 먼저 자신의 식습관부터 확인해야 한다. 사람이 하루를 살아가기에 필요한 칼로리보다 과하게 섭취하면 몸에 무리가 오는 것은 당연한 일이다.

운동과 함께 저속 노화 식단을 병행하면 몸 상태가 빠르게 좋아지는 것을 경험할 수 있다. 다음은 저속 노화 식단을 짤 때 참고하면 좋은 정보이다.

1. 항산화 및 항염 식품 중심의 식단을 짜야 한다. 채소와 과일은 파이토케미컬과 비타민이 풍부한 식품이다. 여기에는 브로콜리, 시금치, 블루베리, 토마토 등이 해당한다. 올리브 오일도 염증 억제 및 심장을 보호하는 기능을 가지고 있다.

2. 가공식품과 설탕을 최소화해야 한다. 과자와 같은 가공식품에는 트랜스지방과 정제 탄수화물이 가득하다. 이들은 사람의 몸에 염증을 유발할 가능성이 높은 식품이다. 설탕은 혈당 스파이크와 인슐린 저항성을 증가시키기 때문에 당뇨병 증상이 있는 사람들에게는 치명적이다.

3. 단백질은 적정량을 흡수해야 한다. 가능하면 식물성 단백질을 섭취하는 것이 좋다. 지나친 동물성 단백질의 섭취는 세포 증식 및 암 위험성이 있다. 랜틸 콩이나 병아리콩, 두부, 견과류 등을 활용하면 몸에 필요한 단백질을

안전하게 흡수한다. 나이를 먹을수록 근육 유지를 위해 일정량의 단백질이 필요하다.
4. 간헐적 단식 또는 식사 제한 시간을 두는 것도 좋다. 간헐적 단식은 세포 손상 회복 및 염증 억제에 도움 된다. 저녁 5시 이후에는 가능하면 음식을 섭취하지 않는 것도 건강에 도움 된다. 저녁 5시 이후에 음식을 끊고 다음 날 아침에 음식을 먹는다면 매일 간헐적 단식을 실행하는 것과 같다.

방송인 최화정은 63세의 나이에도 활발히 방송활동을 하고 있다. 그녀는 나이보다 어려 보인다는 이야기를 많이 듣는다. 여기에는 꾸준한 운동과 함께 노화를 억제하는 아침 식단 루틴이 큰 역할을 하고 있다. 그녀는 아침 기상 직후에 따뜻한 물에 애플 사이다 비니거 소량을 섞어 마신다. 이는 혈당 조절과 소화 촉진, 장 건강에 도움을 준다. 뒤이어 유산균(프로바이오틱스) 섭취로 장내 균형을 유지한다. 비타민제를 챙겨 먹는 것도 빼놓을 수 없는 루틴이다. 아침 식사는 더치 베이비 팬케이크로 든든히 먹는다. 이 메뉴는 단백질, 식이섬유, 황산화 성분이 균형 있게 포함되어 있어, 피부 건강 및 포만감과 기초대사 유지에 적합하다. 그녀의 저속 노화 식단의 핵심 포인트는 가공 설탕을 최소화하고 자연 단맛(베리, 메이플 시럽 소량)으로 건강과 맛을 지키는 것이다. 여기에 채소와 단백질을 적절히 구성하여 영양 과잉 또는 결핍을 방지한다. 그녀의 식단을 보면 평소에 얼마나 자기 관리에 철저한지를 느낄 수 있다.

내가 식단에 신경 쓰게 된 것은 당뇨병에 걸리고 나서였다. 사람은 이처럼 몸이 아프고 나서야 건강의 소중함을 깨닫게 된다. 다행히도 운동과 식단 조절을 병행하면서 급한 불은 끌 수 있었다. 하지만 완전하게 나은 것은 아니다. 인간은 몸은 한번 망가지면 정상으로 돌아가기 어렵다. 꾸준한 관리가 필요한 이유가 여기에 있다. 저속 노화 식단까지는 아니어도 과도한 칼로리 흡수만 막는다면 건강을 유지하는 것은 어렵지 않다. 여기에 꾸준한 운동을 병행한다면 루틴을 실행하기 위한 기본 준비는 마친 것이다. 식단 루틴을 실행하는 데 있어서 조심해야 할 것은 방심과 조급함이다. 루틴이 순조롭게 진행되고 있는 상황이라 할지라도 방심은 금물이다. 아무리 몸에 좋은 식단이라고 해도 매일 반복하는 것은 쉬운 일이 아니다. 식단이 질릴 때가 있다. 칼로리가 높은 음식이 생각날 때도 있다. 시원한 맥주가 떠오르는 날도 있다. 루틴의 효과를 보기 위해서는 자신과의 싸움에서 승리해야 한다. 가끔씩 먹고 싶던 음식을 먹는 것은 나쁘지 않다. 너무 꽉 막아 두면 결국에는 터질 수 있다. 대신 자주 풀어줘서는 안 된다. 술과 고기를 마음껏 먹게 되면 지금껏 고생하며 만든 식단이 무너지고 만다.

조급함도 조심해야 한다. 조급함은 모든 것을 망친다. 서두른다고 해서 제대로 되는 일은 없다. 저속 노화 식단의 효과를 보려면 많은 시간이 필요하다. 꾸준히 식단을 지켰을 때 몸에도 반응이 오게 된다. 당장 나아지는 것이 없다고 포기해서는 안 된다. 꾸준하게 식단을 지키고 운동을 병행하면 예전에 비해 몸이 가벼워지는 것을 느낀다. 몸이 가벼워지면 루틴을 실행하는 데도 큰 도움이 된다. 중요한 것은 건강을 잃기 전에 관리해야 한다는 것이다. 조금이라도 건강할 때 식단 루틴과 운동 루틴을 만들고 실행해야 건강한 몸을 오래도록 유지 가능하다.

02
수면 시간 확보 루틴

변화하겠다고 꿈꾸는 순간 우리는 흥분하고, 빨리 많은 일을 하려 한다. 새로운 습관이 무언가에 도전하는 것과 같은 기분이 들어서는 안 된다. 습관의 시작은 터무니없이 사소해야 한다.

― 제임스 클리어

　루틴은 한 번에 만들 수 없다. 루틴이 자리를 잡으려면 많은 시간과 노력이 필요하다. 처음에는 기대를 크게 가지지 말아야 한다. 작은 행동의 반복 속에서 루틴은 일상에 자리를 잡는다. 익숙해지는 시간을 앞당기고 싶다면 간단한 행동부터 시작해야 한다. 처음부터 에너지를 크게 소모하는 루틴을 시도하다 보면 제대로 자리를 잡기도 전에 지친다. 얼마 버티지 못하고 나가떨어진다. 아침에 일찍 일어나려면 일찍 자야 한다. 자는 시간을 갑자기 당길 수는 없다. 평소의 생활패턴을 한 번에 바꿀 수 없기 때문이다. 평소에 8시에 일어나던 사람이 갑자기 6시로 기상 시간을 당겨 버리면 몸에 무리가 온다. 이래서는 성공보다 실패 확률이 높아진다. 몸에 무리가 오게 되면 아무리 잘 만든 루틴이라도 오래 지속할 수 없다. 의지력으로 버티는 데도 한계가 있다. 과도한 욕심으로 실패하게 되면 자책만이 남는다.

기상 루틴을 만들기 전에 먼저 고려해야 할 것이 있다. 그것은 충분한 수면시간이다. 사람이 활발한 활동을 하기 위해서 필요한 수면 시간은 보통 7시간에서 8시간이라고 한다. 수면 시간이 부족하게 되면 사람은 조금씩 지친다. 집중력이 떨어지고 일을 제대로 할 수 없다. 신경이 날카로워지고 다른 사람에게 화를 낼 가능성도 높아진다. 평소 주변 사람들에게 화를 자주 내고 자신에게도 짜증 내는 일이 많다면 수면 시간부터 점검해야 한다. 수면 시간이 부족하면 사람은 날카로워지기 때문이다. 수면 시간이 길다고 해결되는 것은 아니다. 수면에도 질이 있다. 양질의 잠을 자야 한다. 깊은 수면을 해야 한다. 자는 도중에 자주 깨고, 깊은 잠을 이루지 못한다면 수면의 효과는 떨어질 수밖에 없다.

잠을 잘 자는 것도 복이라는 말이 있다. 그만큼 사람에게는 잠이 중요하다. 잠을 잘 자게 되면 삶의 질이 높아진다. 수면 루틴이 필요한 이유가 여기에 있다. 자신이 언제, 어떤 상황에서 잠을 푹 잘 수 있는지를 파악해야 한다. 우리가 여행을 가거나 출장을 가게 되면 늘 피로하게 느끼는 것도 낯선 공간에서는 편히 잠에 들 수 없기 때문이다. 집이라는 공간은 우리에게 아늑함과 편안함을 준다. 집에서 1시간을 자더라도 외지에서 몇 시간을 자는 것보다 효과가 있는 것도 집이라는 공간이 주는 편안함 때문이다.

배우 이청아는 숙면 루틴을 철저히 지키는 것으로 알려져 있다. 바쁜 일정 속에서도 잠자는 시간을 철저히 지키기 때문에 잠 덕후라고 불리기도 한다. 그녀는 한때 불규칙한 생활로 수면 시간을 제대로 지키지 못했다. 이제는 숙면 덕후로 거듭날 정도로 자신만의 숙면 루틴을 가지고 있다. 그녀의 숙면 루틴의 핵심 요소 3가지는 다음과 같다.

첫 번째 요소는 커피 줄이기다. 그녀는 오후 2시 이후에는 커피를 입에 대지 않는다. 과거에는 하루 6잔까지 마시던 커피를 크게 줄인 이후로 숙면이 가능해졌다고 한다. 커피에는 카페인 성분이 들어 있다. 카페인은 수면 유도 물질인 아데노신을 억제해 각성을 유발하므로 저녁에 커피를 마시게 되면 숙면을 방해한다.

두 번째 요소는 스마트폰과 전자기기의 사용 줄이기다. 블루라이트가 멜라토닌 분비를 억제한다는 것은 널리 알려진 사실이다. 그녀는 취침 전에는 스마트폰과 TV 사용을 자제하고 있다. 대신 책 읽기, 명상, 스트레칭 등의 활동으로 대체하고 있다.

세 번째 요소는 늦은 밤 식사를 피하기다. 자기 전에 음식을 먹으면 소화를 위해 몸이 회복 모드로 들어가지 못한다. 최소한 수면 3~4시간 전에는 식사 완료를 목표로 해야 한다. 회식을 한 다음날에 몸 컨디션이 다운되는 것도 밤늦게까지 음식을 섭취하는 바람에 소화를 시키기 위해 밤새 소화기관이 활동했기 때문이다. 배가 지나치게 고프면 우유, 바나나, 두부와 같이 소화에 부담이 없는 간식으로 대체하고 있다.

수면 시간은 사람마다 차이가 있다. 7~8시간을 자는 것이 좋다고 알려졌지만, 사람에 따라서는 그보다 적은 시간을 수면으로 사용해도 컨디션을 유지하는 데 큰 문제가 없는 경우가 있다. 나도 하루에 4~5시간을 수면 시간으로 이용하고 있다. 밤 11시에 잠자리에 들어서 새벽 4시에 일어나는 일정이다. 부족한 잠은 점심시간에 20~30분 정도 쪽잠을 자는 것으로 보충한다. 수면 시간이 남들에 비해 적은 만큼 잠자리에 눕자마자 딥수면을 하기 위해 노력한다. 딥수면을 위해서는 자기 전에 휴대폰 등의 전자 기기를 최대한 멀리 해야 한다. 즐기던 PC게임을 포기한 것도 숙면을 위해서다. 잠을 잘 자기 위해서는 포기해야 할 것들이 많다. 특히 밤에 뭔가를 새로 하는 것은 숙면을 방해하는 일이니 조심해야 한다. 아무리 바쁜 일이 있더라도 야근은 최소화해야 한다. 야근하게 되면 수면 루틴이 망가질 가능성이 높아진다. 늦게까지 일을 하게 되면 그만큼 늦은 시간에 먹을 간식거리를 찾게 된다. 저녁 늦게 먹으면 소화 때문에 숙면이 힘들어진다. 특히 술은 숙면의 최악 적이다. 가능한 술은 적게 마시는 것이 수면 루틴을 지키는 데 도움이 된다.

충분한 수면 시간은 루틴을 지키는 데 필요한 일이다. 아무리 루틴이 중요하다고 해도 수면 시간은 지켜야 한다. 잠이 충분하지 못하면 루틴은 얼마 유지하지 못하고 망가질 것이다. 최상의 컨디션을 유지할 수 있는 수면 시간은 반드시 확보해야 한다. 수면 시간 확보는 루틴을 지키기 위한 것뿐만 아니라 삶의 질을 높이는 데 필요한 일이다.

03
쉽고 간단한 루틴 설계

편해지려고 마음먹으면 더 고생스러워지고, 고생하려 마음먹으면 더 편해지는 법이다.

– 안희종

당신은 아침을 맞이할 때 어떤 마음으로 시작하는가? 대부분의 사람은 오늘 할 일부터 떠올린다. 직장인이라면 해야 할 일에 대한 부담감으로 인해 한숨부터 나온다. 오늘 반드시 해야 할 일이라면 시작도 하기 전에 두려운 마음이 느껴진다. 그렇다고 해야 할 일을 미루거나 피해서는 안 된다. 어차피 해야 할 일이라면 가장 먼저 빠르게 시작해서 마무리하는 것이 하루를 효율적으로 보내는 방법이다. 아직 시작하지도 않은 일에 대한 걱정과 두려움이 앞선다면 일은 더디게 진행된다. 직장으로 향하는 발걸음이 마치 무거운 모래주머니를 차기라도 한 것처럼 무겁게 느껴진다. 그렇다면 한가할 때는 마음이 편할까? 아쉽게도 그렇지 않다. 직장에서는 할 일이 없을 때도 마음이 무겁기는 매한가지다. 일이 없어 쉬고 있는 사람이라면 한가한 순간이 무겁게 느껴진다. 뭐라도 일을 하게 되면 마음이 편할 것 같지만 갑자기 일이 뚝 하고 떨어질 리는 없다.

루틴은 시간을 효율적으로 활용할 수 있는 방법이다. 바쁠 때나 한가할 때 나만의 루틴이 있다면 두려워할 필요가 없다. 상황에 맞춰서 루틴이 발동되기 때문이다. 바쁠 때는 일을 효율적으로 처리하기 위한 루틴이 작동한다. 한가할 때는 여유 시간을 효과적으로 사용하기 위한 루틴이 작동한다. 과거의 나는 시간 활용을 제대로 못 하는 사람이었다. 바쁠 때는 일에 쫓기며 정신없이 보냈다. 한가할 때는 멍하니 인터넷 쇼핑을 하거나 커뮤니티 게시판에서 잡담하며 시간을 보냈다. 자기계발에 관한 생각은 전혀 하지 못했다. 바쁘다는 핑계를 대며 차일피일 미루기만 했다. 이래서는 인생이 달라지지 않는다. 답답한 일상이 계속될 뿐이다. 답답한 삶을 바꾸고 싶다면 상황에 맞는 루틴을 설계하고 이를 실행에 옮겨야 한다. 성공한 사람들은 어떤 상황에서건 흔들리지 않는 자기만의 루틴을 실행에 옮긴 사람들이다. 여유시간이 생기면 책을 읽고 글을 쓰는 사람들이다.

세계에서 가장 영향력 있는 방송인이자 기업가, 작가로 알려진 오프라 윈프리는 여유시간 활용을 잘하기로 이름난 인물이다. 그녀는 내면의 성장과 자기 성찰을 여유시간 루틴의 핵심으로 삼고 실행으로 옮겼다. 그녀의 루틴은 시간 활용을 넘어 자기 자신을 돌아보고 중심을 찾는 데 큰 역할을 했다. 그녀의 루틴은 명상, 일기 쓰기, 독서, 산책, 스크린 디톡스, 친구와의 진솔한 대화로 이루어진다. 명상은 하루 20분씩 2번에 걸쳐 진행된다. 명상의 효과는 감정 안정과 집중력 향상, 스트레스 감소를 가져온다. 자신의 내면과 연결되는 효과도 있다. 하루를 마무리하는 저녁시간에는 일기 쓰기에 5~10분을 할애한다. 일기에는 오늘 하루 감사했던 일 5가지를 적는다. 간단하지만 구체적으로 적음으로써 긍정 심리 강화와 감정 정화 및 성찰의 시간을 갖는다. 꾸준한 독서 역시 그녀를 매일 성장하게 만든다. 하루 30분에서 1시간의 독서 시간을 통해 시야를 넓히고 있다. 산책은 매일 하지는 않지만 주 3~5회를 꾸준히 실행에 옮김으로써 내면을 고요하게 하고 통찰력을 얻는다. 스크린 디톡스는 그녀의 중요 루틴 중 하나이다. 여유시간에는 SNS와 TV와 의도적으로 거리를 둠으로써 깊은 사고의 시간을 확보한다. 친구와의 진솔한 대화도 그녀가 즐기는 루틴이다. 전화 통화 혹은 차 한잔을 하며 나누는 대화는 연결감을 강화하고 정서적 회복 효과를 가져온다.

오프라 윈프리의 루틴에는 특별한 것이 없다. 누구나 할 수 있는 것들이다. 많은 시간이나 에너지가 필요하지 않은 행동이다. 이처럼 작고 간단한 행동을 꾸준하게 반복함으로써 그녀는 유명세를 이겨내고 내면의 평온을 유지하고 있다. 루틴은 매일 반복해도 어렵지 않은 간단한 것, 편하게 실행할 수 있는 것을 찾아야 한다. 필요한 루틴을 찾는 데 성공했다면 가장 효과가 좋은 시간에 실행해야 한다. 여유시간이 생겼을 때 시도하는 것도 좋다. 산책이나 명상 등의 루틴은 짧은 여유시간에도 실행에 옮길 수 있다.

혼자의 힘으로 루틴을 만들기 어렵다면 공언을 이용하라.

남들이 볼 수 있는 곳에 하려는 일을 알려라. 남들은 내가 하는 일에 큰 관심이 없다. 공언했다고 해도 이것을 기억하는 사람은 많지 않다. 공언을 지키지 못해도 나무라거나 비웃는 사람은 드물다. 오히려 수고했다는 말을 들을 확률이 높다. 그럼에도 불구하고 공언이 힘을 갖는 것은 남들에게 말하기 부끄러운 상황을 이겨냈기 때문이다. 부끄러움을 이겨내면 자신감이 생긴다. 글이나 말로 사람들에게 공언하면 신기하게도 미래의 모습이 머릿속에 그림으로 그려진다. 성공한 미래의 모습이 그려지는 것이다. 비전보드라는 말을 들어봤을 것이다. 비전보드는 미래의 내가 이루고 싶은 장면을 이미지화시켜 놓은 것이다. 가고 싶은 장소가 있다면 그 장소에 대한 이미지나 사진을 휴대폰이나 PC에 저장해 놓고 수시로 보게 되면 머지않은 미래에 그 장소에 가게 된다고 한다. 성공한 모습을 이미지화시켜서 수시로 보고 다짐을 하게 되면 어느 순간 꿈에 그리던 모습이 된다. 루틴에 대한 공언도 비전보드와 같은 효과가 있다.

남에게 알리기 어려운 루틴이라면 자신과 약속하는 것도 나쁘지 않다. 자신과의 약속이란 내가 만들고자 하는 루틴을 종이에 쓰거나 출력해서 머리맡에 붙여 놓는 것이다. 아침에 일어나자마자 목표를 소리 내어 반복하는 것도 좋다. 유튜브를 통해 사람들에게 알리는 것도 좋은 방법이다. 이미 많은 사람들이 유튜브를 통해 자신이 하려는 일을 공언하고 있다. 루틴이 단단해질수록 성공도 가까워진다. 여기서 중요한 것은 자신을 믿어야 한다는 점이다. 루틴이 유지되는 기간이 길어질수록 자신에 대한 믿음은 강해진다. 자신에 대한 믿음이 강해지면 더 큰 목표를 꿈꿀 수 있게 된다. 목표가 커질수록 에너지 소모는 커지지만 그만큼 보람도 커진다. 어떻게든 해내고 말겠다는 의지가 강해진다.

블로그 이웃 중에는 새벽 기상 챌린지를 지키기 위해 병원에 입원했을 때도 노트북에서 손을 떼지 않은 이도 있다. 그녀는 모두가 잠든 새벽에 노트북을 들고 병실 밖으로 나와서 챌린지를 성공적으로 수행했다. 글을 쓰는 손이 아닌 다리를 다쳐서 다행이라는 농담을 하는 여유도 보였다. 루틴은 이처럼 돌발 상황에서 흔들리지 않게 자신을 꽉 잡아준다. 독서, 필사, 운동, 글쓰기, 명상, 산책 등 어떤 것이든 좋다. 매일 반복할 수 있는 루틴을 만들어야 한다. 루틴이 유지되는 기간이 길어질수록 당신은 점점 더 강해진다.

04
체크리스트를 만들어라

꿈을 꾸세요. 그러면 그 꿈이 당신을 만들 것입니다.

- 로버트 J. 실러

　체크리스트에 해야 할 일을 정리 해놓으면 루틴을 유지하는 데 도움이 된다. 체크리스트는 복잡해서는 안 된다. 체크할 항목이 많아지고 복잡해지면 체크하는 과정에서 쓸데없이 에너지를 뺏기게 된다. 체크할 항목은 한눈에 볼 수 있어야 한다. 확인 시간도 몇 분 안에 끝날 수 있어야 한다. 간단한 대신 주기적으로 체크를 해야 효과를 볼 수 있다. 확인하는 기간은 월간, 주간, 일일 단위로 정한다.

월간 체크리스트는 한 달 동안 해야 할 일을 적어 놓는다. 월간 계획에는 전략이 필요하다. 이번 달에는 어떤 식으로 운영할 것인지에 대한 간단한 목적과 계획이 담겨 있어야 한다. 예를 들면 책을 읽기로 마음먹었다면 한 달간 어떤 책을 몇 권을 읽을지에 대한 계획을 세워 놓는 것이 필요하다. 읽을 책의 목록을 적어 놓는 것도 좋다. 대신 목표는 한 달 내로 끝낼 수 있는 것들이어야 한다. 목표를 이루지 못하고 다음 달로 넘기게 되면 부담이 늘어나기 때문이다. 이번 달 안에 무조건 끝낸다는 생각으로 체크 목록을 구성해야 한다.

주간 체크리스트에는 월간 체크리스트에 비해 상세한 실행 계획이 담겨 있어야 한다. 강의를 듣기로 했다면 몇 강을 들을 것인지, 책을 읽기로 했다면 어떤 책을 어디까지 읽을 것인지에 대한 리스트를 만들고 체크하는 것이 좋다. 그래야 내가 앞으로 어떤 방식으로 루틴을 이어갈지에 대한 답을 얻을 수 있다. 주간 체크리스트의 결과가 쌓이게 되면 통계 자료로 활용할 수 있다. 루틴을 효과적으로 진행하는 데 있어서 통계 자료가 있다면 도움을 받을 수 있다. 머릿속으로 생각하는 것만으로는 상세한 계획을 세울 수 없다. 눈으로 보고 확인할 수 있는 자료가 필요하다. 주간 통계 데이터는 다음 전략을 구상하는 데 도움을 준다.

일일 체크리스트는 가장 기본적인 것들로 구성해야 한다. 꼭 해야 할 것과 매일 하는 것들을 리스트에 올려두면 루틴 실행에 큰 도움이 된다. 기지개 켜기, 이부자리 개기, 물 한잔 먹기와 같이 단순한 것들도 좋다. 습관화가 되어 자동적으로 움직이기 전까지는 리스트에 올려놓고 매일 체크를 해야 습관으로 만들 수 있다. 작고 간단한 행동일수록 자신감을 올리는 데 도움을 준다. 간단한 실행만으로도 체크리스트에서 지울 수 있기 때문이다. 리스트에 지우는 것만으로도 자신감이 올라가는 효과가 있다. 회사 화장실 입구에 붙어 있는 체크리스트가 기억나는가? 청소 상태 등을 적어 놓은 체크리스트 말이다. 일일 체크리스트는 화장실 체크리스트와 같은 간단한 것들로 구성하는 것이 좋다. 매일 반복해서 인증하는 과정을 통해 자신도 모르게 몸에 익숙하게 된다. 익숙해진 것들은 체크리스트에서 빼도 무방하다.

체크리스트를 만드는 데 있어서 주의할 점은 추상적인 것들을 피해야 한다는 것이다. 눈으로 보고 바로 확인할 수 있는 것들을 리스트에 올려야 한다. 막연한 것을 항목에 올리면 효과가 떨어진다. 인증을 하기가 어렵기 때문이다. 아까운 시간만 낭비하게 된다. 체크리스트는 최종 목적이 아니다. 루틴을 몸에 익숙하게 만들기 위한 도구일 뿐이다. 내가 나태해지지 않도록 만들어주는 보조 수단임을 알아야 한다. 루틴이 몸에 익었다면 체크리스트에 미련을 갖지 않아도 된다.

비전보드도 루틴을 수행하는데 도움을 주는 수단이다. 해야 할 항목들을 나열하는 체크리스트와는 달리 비전보드는 하고 싶은 꿈이나 이루고 싶은 목표를 이미지화하는 것을 말한다. 비전보드를 구성하는 것은 사진 혹은 이미지이다. 글로 적는 것보다는 이미지화시키는 것이 효과가 있다. 기왕이면 멋진 사진이나 이미지가 좋다. 그래야 하고 싶은 의욕이 커지기 때문이다. 비전보드를 만들기 위해서는 이미지 도구가 필요하다. 챗Gpt와 같은 AI 툴을 이용하면 내가 상상하는 장면을 쉽게 만들 수 있다. 포토샵 기술이 있다면 직접 만드는 것도 좋다. 인터넷 검색으로 원하는 사진을 찾는 방법도 있다.

비전보드를 만들 때 주의해야 할 점은 상상하는 장면이 구체적이고 자세해야 한다. 상상하는 미래를 자세하게 그려야 한다. 갖고 싶은 슈퍼카가 있다면 슈퍼카의 사진을 구해 비전보드에 넣어야 한다. 건물주가 되고 싶다면 원하는 건물의 이미지를 그리거나 사진을 구해서 비전보드에 추가해야 한다. 가고 싶은 여행지가 있다면 여행지의 멋진 이미지를 구해서 붙여 놓아야 한다. 돈을 많이 벌고 싶다면 원하는 금액을 이미지로 그려놓고 비전보드에 추가해도 좋다. 당신의 상상이 구체적이고 자세할수록 비전보드의 힘도 강해진다.

체크리스트와 비전보드는 루틴을 유지하는 데 도움을 주는 보조 수단이다. 루틴을 꾸준하게 이어가기 위해서는 의지가 꺾여서는 안 된다. 체크리스트는 어떤 일을 해야 하는지 보여줌으로써 실수를 막는다. 비전보드는 앞으로 하고 싶은 일이나 성공한 미래의 모습을 보여줌으로써 의지력을 강화한다. 중요한 것은 긍정적인 마인드를 유지하는 것이다. 긍정적인 생각만 유지할 수 있다면 루틴을 꾸준히 수행하는 데 큰 문제는 없다.

2장

성공하는
사람들의
루틴 법칙

05
루틴은 나다움을 찾는 것이다

인생은 자신을 찾는 것이 아니라 자신을 창조하는 것이다.

- 조지 버나드 쇼

 월드 스타 방탄소년단(BTS)의 리더인 RM은 자기 관리가 뛰어나다고 알려져 있다. 그는 스케줄이 없을 때도 비교적 규칙적인 자기만의 루틴을 실천에 옮기고 있다. 그의 아침은 6~7시 사이에 시작한다. 그는 책을 많이 읽는 연예인 중의 한 명이기도 하다. 독서 후 마음에 드는 문장은 노트에 필사하거나 메모함으로써 자기 성찰 및 작품 활동에도 도움을 받는다고 한다. 그는 또한 명상과 사색, 성찰을 즐긴다. 그는 항상 '나는 어떤 사람인가?', '나는 오늘을 어떻게 살고 싶은가?'와 같은 질문을 수시로 자신에게 던짐으로써 루틴을 지키고 조화로운 삶을 유지하고 있다.

　RM과 같이 성공한 사람들의 평소 루틴을 보면 그들의 성공이 우연으로 된 것이 아님을 알 수 있다. 독서, 운동, 글쓰기와 같은 일을 매일 반복하는 것은 우리와 같은 일반인들도 쉽지 않은 일이다. 사람의 컨디션이나 기분은 일정하지 않기 때문이다. 평정을 지키기 위해 아무리 노력해도 변수는 항상 생기기 마련이다. 운동을 나가려는데 비가 올 수도 있고 갑자기 급한 연락이 올 수도 있다. 무더위 속에서 글을 쓰려면 집중력을 유지하기가 쉽지 않다. RM이 평소 책을 읽고 사색을 멈추지 않는 것은 돌발 변수에 대비하기 위함이다. 루틴은 어려운 상황을 극복할수록 단단해진다. 습관이 되어 무의식중에도 나를 움직이게 만든다.

　우리가 수많은 어려움을 극복하며 루틴을 지키려는 것은 각자 원하는 것이 있기 때문이다. 내가 블로그를 시작한 것은 나 자신을 찾기 위함이었다. 잠시 과거로 돌아가 보겠다. 새벽의 사건은 내 인생에 적신호가 켜졌음을 알려주는 사건이었다. 술에 취해 블랙아웃이 된 상태로 사고를 친 것은 그때가 처음이었다. 블랙아웃이 된 것도 모자라서 피투성이가 된 얼굴로 경찰관들의 부축을 받으며 집에 왔다. 집에서 난리가 난 것은 당연한 일이었다. 한동안 부모님의 얼굴을 제대로 볼 수 없었다. 하지만, 이 사건을 계기로 인생을 바꿔야겠다는 결심을 하게 됐다. 망가진 일상을 바로 돌려놓고 싶었다. 남의 인생이 아닌 내 인생을 살고 싶었다.

그전까지는 남의 시선을 지나치게 의식하며 살아왔었다. 나를 찾고 싶어도 제대로 된 방법을 알지 못했다. 어렵게 시작한 블로그였다. 어떻게든 나를 바꿀 방법을 찾아야 했다. 앞뒤를 따지지 않고 포스팅을 시작했다. 이것이 신의 한 수가 될 것임을 당시에는 알지 못했다. 블로그는 X나 인스타그램과 같은 SNS에 비해서 반응 속도가 느리다. 이용자 수도 많지 않다. 속도는 느린 대신 블로그 이용자들은 다른 플랫폼에 없는 끈끈함을 가지고 있다. 블로그에 올라오는 글 중에는 수준이 높은 글이 많다. 이웃들과 소통은 내 수준을 높여주는 일이었다.

블로그의 장점 중의 하나는 소통이다. 아무리 오래된 가족과 친구라 해도 내 이야기를 잘 들어 주지 않는다. 그들은 자신의 힘든 상황을 이야기하기에 바쁘다. 미래에 대한 고민보다는 현실부터 생각하라고 핀잔을 주는 그들이었다. 이런 환경 속에서 나를 찾는 것은 어려운 일이었다. 하지만 블로그는 달랐다. 내 이야기를 진지하게 들어주고 응원을 아끼지 않는 이웃들이 있었다. 그들의 응원이 있었기에 포기하지 않을 수 있었다. 그들과의 소통을 위해 글을 꾸준히 쓰기 위한 루틴을 만들었다. 글쓰기가 몸에 익숙해지기 위해서는 글을 많이 써야 한다. 머릿속으로 생각만 하고 있어서는 루틴이 자리를 잡을 수 없다. 매일 글을 쓰지 않으면 안 됐다.

매일 글을 쓰면서 내가 가진 장점에 대해 생각해 볼 기회가 생겼다. 블로그에 익숙해지자 다른 SNS에도 글을 꾸준히 쓸 수 있게 됐다. 인스타그램, X, 스레드 등의 SNS에 글을 올리는 것은 내 영향력을 키우는 동시에 다양한 플랫폼의 장점을 흡수하기 위해서다. 각각의 플랫폼은 저마다의 강점이 있다. 이용자의 성격도 다르다. 잘될 때도 있고 안 될 때도 있다. 그렇다고 해서 포기해서는 안 된다. 꾸준히 글을 올리고 소통하게 되면 내가 모르던 세계에 대한 정보를 얻을 수 있다. 온라인상에서 내 영향력도 커지게 된다.

　인기 인플루언서들은 간단한 글을 올려도 조회 수가 몇백만 이 터지기도 한다. 그들을 부러워할 필요는 없다. 그들과의 비교는 의욕을 꺾을 뿐이다. 남들과 비교가 될 때는 글을 쓰는 목적을 떠올려야 한다. 내가 글을 쓰는 목적은 나다움을 찾기 위함이다. 블로그를 비롯한 여러 SNS에 글을 올리는 것은 나 자신을 찾기 위해서지 인기를 얻기 위한 것이 아니다. 잘하는 사람들의 방법을 참고할 수는 있다. 그렇다고 그것이 목적이 되어서는 안 된다. 어떤 분야건 천재가 있기 마련이다. 잘하는 사람들을 앞서기 위해 무리해서는 나만 지칠 뿐이다. 아무리 잘하는 사람의 방법이라 해도 내게 맞지 않는다면 미련을 버리고 내려놔야 한다. 그래야 나다움을 지킬 수 있다. 오랫동안 지치지 않고 루틴을 유지할 수 있다. 남의 탓을 해서는 안 된다. 날씨 탓, 시간 탓을 하는 것도 어리석은 일이다. 남 탓을 하게 되면 그만큼 방황만 길어질 뿐이다. 남을 탓하기보다는 루틴이 제대로 작동하고 있는지 점검해야 한다.

　중요한 것은 속도가 아니라 방향임을 명심해야 한다. 빠른 성장을 위해 가진 에너지를 모두 소진해 버린다면 번아웃에 빠질지 모른다. 한 번 주저앉게 되면 다시 일어서기가 어렵게 된다. 에너지를 적당히 관리하면서 꾸준히 반복하는 것이 중요하다. 나 역시 블로그를 시작한 이후로 내게 편한 방법을 찾고 있다. 나를 찾는 과정은 성장하는 길이다. RM과 같은 대스타도 자기 성찰과 계발을 멈추지 않는다는 것을 알아야 한다. 성공하려면 그 이상의 노력을 해야 한다. 그 과정에서 성장이 일어나고 일상에 변화가 생긴다. 진정한 나를 찾게 된다.

06

루틴을 만드는 4단계 프로세스

작은 성공의 크기가 아무리 작아도 상관없다. 결코 작은 것이 아니다. 빨리 행동을 취하는 게 중요할 뿐이다. 당신의 인생이 점점 흥미로워질 테니까.

- 존 크룸볼츠

루틴을 만드는 방법은 생각보다 복잡하지 않다. 먼저 목표를 정해야 한다. 목표를 정했으면 이를 실행으로 옮겨야 한다. 꾸준히 반복하다 보면 루틴이 몸에 달라붙게 된다. 다음은 루틴을 만들기 위한 4단계 프로세스이다.

1단계. 제대로 된 목표를 세워야 한다.

목표를 대충 세워서는 안 된다. 마음에서 우러나오는 간절함이 있어야 한다. 간절함이 있어야 최선을 다할 수 있다. 간절한 마음이 없이는 방향을 잃고 표류하게 된다. 작은 난관에 부딪힐 때마다 포기부터 떠올리게 된다. 이 길이 맞는 길인지 의문이 들 수도 있다. 이런 상황에서는 남의 말에 쉽게 휘둘리게 된다. 아무리 작은 일이라 할지라도 간절함이 따르지 않는다면 원하는 루틴을 설계하기가 어렵게 느껴진다.

2단계. 행동으로 옮겨야 한다.
아무리 좋은 아이디어가 있다고 해도 행동으로 옮기지 못하면 아무런 일도 일어나지 않는다. 아무리 뛰어난 재능을 가지고 있는 사람이라고 할지라도 행동하지 않으면 금세 잊어버리고 말 것이다. 생각은 누구나 할 수 있다. 상상만으로는 누구나 성공을 꿈꿀 수 있다. 성공하는 사람과 그렇지 못한 사람의 차이는 실행력에 있다. 루틴을 내 것으로 만들기 위해서는 행동으로 옮기지 않으면 안 된다.

3단계. 꾸준함을 유지해야 한다.
루틴이 몸에 착 달라붙으려면 꾸준함을 유지해야 한다. 아무리 간단한 행동이라도 꾸준히 반복하지 않으면 루틴으로 만들어지지 않는다. 몸의 상태나 주변 상황에 상관없이 매일 실행을 해야 한다. 루틴을 실행하는 시간을 정해 놓는 것도 꾸준함을 유지하기에 좋은 방법이다. 인간의 의지에는 한계가 있기 마련이다. 외부의 변수에 흔들리지 않고 마음의 유혹에 현혹되지 않으면 반복적인 행동을 통해 자신을 단단히 만들어야 한다. 반복을 통해 꾸준함을 유지할 수만 있다면 루틴을 만드는 것은 어려운 일이 아니다.

4단계. 끝까지 긴장을 늦추지 말아야 한다.

산을 오를 때 부상의 위험성이 클 때는 오를 때가 아니라 내려올 때라고 한다. 산을 오르고 있을 때는 긴장을 해서 그런지 부상의 위험이 크지 않다. 정상을 찍고 나면 긴장이 풀어진다. 내려오는 길에 방심하게 된다. 순간의 방심으로 길을 잃거나 발을 헛딛을 수 있다. 일을 할 때도 마찬가지다. 어려운 일을 마주했을 때는 실수할 확률이 높지 않다. 집중력을 놓은 상태이기 때문이다. 큰일을 마무리하고 잔업을 할 때 실수가 종종 발생한다. 이런 작은 실수가 모이게 되면 큰일을 망칠 수도 있다. 마라톤 대회에서도 결승점이 가까워질수록 포기하는 사람이 늘어난다고 한다. 결승점이 보이기 시작할 때부터 인간의 몸에 이상이 생기기 시작하는 것이다. 끝까지 긴장을 늦추지 말아야 하는 이유가 여기에 있다. 루틴이 자리를 잡았다는 생각에 방심하게 되면 지금까지의 노력이 수포가 될 위험이 있다.

 루틴이 자리 잡기 위해서는 목표를 세우고 이를 실행에 옮겨야 한다. 꾸준함을 유지하되 긴장을 끝까지 유지해야 한다. 루틴을 꾸준하게 유지할 수 있다면 성공으로 가는 길이 열린다. 루틴을 만들기가 어렵다는 생각이 든다면 작은 행동부터 실행해야 한다. 시간이 오래 걸리지 않는 일을 매일 반복하게 되면 루틴에 대한 감이 온다. 나도 글쓰기 루틴을 통해 마음을 잡을 수 있었다. 매일 쓰는 글을 통해 나 자신과의 대화를 나누고 목표를 점검할 수 있었다. 하루도 거르지 않고 루틴을 반복했다. 그 결과로 2년이라는 짧은 기간 동안 많은 변화를 경험할 수 있었다. 아직 완벽하게 몸에 착 달라붙은 것은 아니지만 루틴이 습관의 길목에 들어섰음을 느끼고 있다. 당신도 할 수 있다. 시작은 간단하게 해야 한다. 익숙해지면 조금씩 확장해도 좋다. 루틴이 습관화된다면 자신이 변하고 주변 환경이 크게 변한다.

07
스스로 운을 키우는 방법

누구나 살면서 한 번 정도는 잘 나갈 때가 온다. 그것은 그의 재능과 운이 만날 때 나타나는 현상이다. 하지만 진짜 실력은 그렇게 나타난 현상을 일시적으로 나타나는 행운에 끝내지 않고, 죽는 날까지 일정한 속도로 성장하게 만든다. 매일 무언가를 반복한다는 것은 스스로 자기 운을 키우는 일이다.

– 작가 김종원

과거의 나는 운이 안 좋은 사람 중의 하나였다. 아니 안 좋다고 생각하는 사람 중의 하나였다. 사람을 보는 눈이 형편없었다. 내게 도움이 되는 사람을 멀리하고 등 뒤에 비수를 꽂는 사람을 가까이했다. 회사에서는 프로젝트 진행 도중에 문제가 생기면 내가 책임을 지고 마무리를 해야 했다. 사업을 시작한 후에도 외부의 도움을 기대할 수는 없었다. 모든 것을 내가 계획하고 책임도 져야 했다.

운이 좋아졌다고 느낀 것은 글쓰기를 시작한 이후부터다. 글쓰기를 시작한 지 어느새 2년째가 됐다. 2년 동안 많은 경험을 했다. 글을 쓰면서 성장과 변화가 일어났다. 대부분은 긍정적인 변화다. 글쓰기 및 운동 루틴은 나태하던 나를 부지런하게 만들었다. 내가 변하니 주변 환경에도 변화가 생겼다. 술이 아닌 글을 통해 만나는 친구들이 늘어났다. 활동 영역도 크게 확장됐다. 블로그뿐만 아니라 브런치 스토리에도 글을 올리고 있다. 인스타그램, X, 스레드에도 꾸준히 내 소식을 알리고 있다. SNS를 통해 생각지도 못했던 수익을 얻기도 했다. 새로운 만남을 통해 많은 인사이트를 얻고 있다. 내가 앞으로 하려는 일에 대한 정보도 얻고 있다.

오랫동안 프로그램 개발자로 일을 했다. 5년 전에 회사를 차린 이후로는 자영업자로서 일을 하고 있다. 현재는 전자책 작가, 인플루언서 작가, 자기 계발 강사 등의 다양한 호칭으로 불린다. 글을 쓰고 전자책을 출간한 덕분이다. 종이책을 출간하게 되면 호칭이 조금 더 늘어날 예정이다. 과거에 머물러 있었다면 경험할 수 없는 세상이다. 과거의 삶은 답답함의 연속이었다. 돈을 벌어도 제대로 사용하지 못했다. 자기 계발에 투자해야 할 돈을 엄한 곳에 써버리다 보니 아까운 시간만 낭비했다. 조금이라도 빨리 글에 눈을 떴다면 다른 모습이 되지 않을까란 상상을 해본다. 그때는 노력의 방향이 잘 못 설정되어 있었다. 노력만이 답은 아니다. 제대로 된 방향이 설정되어야 노력도 빛을 발할 수 있다.

답답한 회사를 그만두고 내 사업을 시작했을 때도 상황은 나아지지 않았다. 사업이 항상 잘 되는 것은 아니다. 사업 초기의 호황은 잠시뿐이었다. 회사를 시작한 지 3년이 될 즈음에 내게도 위기가 몰려왔다. 위기 속에서도 막연하게 잘될 것이라는 생각이 나를 망쳤다. 그나마 일거리가 꾸준히 들어오던 시절에는 큰 문제는 없었다. 경제 위기로 인해 거래처가 하나 둘 떨어져 나가게 되면서 내 사업에도 적신호가 켜졌다. 사업이 기울기 시작하게 되니 만회할 방법을 찾기가 어려웠다. 어느새 자금은 모두 사라지고 빚이 늘어났다.

암울한 나에게 희망을 안겨 준 것이 루틴이다. 글을 통해 희망을 얻고 운동을 통해 버티는 힘을 길렀다. 내게 맞는 루틴은 힘들 때 큰 힘이 된다. 루틴을 실행함으로써 수동적인 성격을 능동적으로 바꿨다. 내 운명은 불행한 것이 아니었다. 단지 방향을 제대로 잡지 못했을 뿐이다. 루틴을 실행하면서 내가 가진 힘을 알게 됐다. 능동적으로 바뀐 성격은 운을 바꾸는 데 큰 힘이 됐다. 과거에는 기회가 오기만을 기다렸다. 기회는 기다리기만 해서는 영영 오지 않는다. 스스로 기회를 찾아야 한다. 만들어야 한다. 지금은 기회를 만들기 위해 직접 뛰고 있다. 이제는 평일과 주말을 구분하지 않는다. 주말에도 해야 할 일이 생각나면 바로 행동으로 옮긴다. 행동을 빠르게 하니 기존에는 안 보이던 많은 기회들이 보이기 시작했다.

과거에는 놓친 기회를 원망하고 수시로 자책에 빠지던 나였다. 지나간 일을 후회해도 돌이킬 수 없다는 것을 알면서도 미련을 버리지 못했다. 이제는 달라졌다. 과거의 실수를 경험 삼아 성장을 위한 발판으로 삼는다. 100일 챌린지를 시작한 것도 내가 경험한 것을 나누기 위함이다. 챌린지를 운영하면서 많은 사람들과 인연을 맺었다. 중간에 포기한 사람도 있고 지금도 꾸준히 미션을 이어가는 사람도 있다. 꾸준히 하는 이들과 함께 뛰면서 많은 것을 배운다. 나를 응원하는 팬도 늘고 있다. 그들이 나를 응원하는 것은 내가 잘나서가 아니다. 그동안 보여준 꾸준함을 응원하는 것이다. 이웃들과 신뢰를 쌓는데 지금까지 쓴 글이 큰 힘이 되고 있다. 기록은 사람을 배신하지 않는다.

운은 스스로 만들어가는 것이다. 루틴을 반복하다 보면 좋은 운이 만들어진다. 좋은 기운을 끌어당기게 된다. 운이 내 편이 되면 생각지 못했던 기회가 찾아온다. 다가온 기회를 살리느냐 놓치느냐는 내가 얼마나 준비가 되어 있느냐에 달려 있다. 꾸준함을 유지하면 운이 쌓인다. 복이 쌓인다. 이렇게 쌓은 운을 주변에 나누는 것이 좋다. 운이 눈덩이처럼 불어나게 된다. 남을 돕는 것은 나를 돕는 것이다. 운을 나누면 더 많은 운이 내게 돌아온다. 스스로가 불행하다고 느끼고 있다면 노력이 부족해서 그렇게 된 것이다. 과거의 내가 그랬던 것처럼 스스로에 대한 불신을 거두고 자신을 바로 세울 수 있는 루틴을 설계하기 바란다. 루틴으로 단련된 우리는 쉽게 쓰러지지 않는 사람이 된다.

08

성공한 사람들의 루틴에서 배우는 법

아는 것만으로는 충분하지 않다. 적용해야만 한다. 의지만으로는 충분하지 않다. 실행해야 한다.

- 요한 볼프강 폰 괴테

성공한 사람들을 보게 되면 아우라 같은 것이 느껴진다. 이들은 평소에도 자기 계발에 대한 노력을 멈추지 않는 사람들이다. 남들의 부러움을 살만한 지위에 이르렀음에도 불구하고 일반 사람들보다 열심히 사는 모습을 보며 감탄을 금할 수 없다. 글을 쓰고 책을 읽고 운동을 거르지 않는 그들이다. 식단 조절을 통해 건강을 챙기는 것도 잊지 않는다. 아무리 바쁜 상황에서도 기본 루틴을 철저히 지킴으로서 흔들리지 않는 자세를 유지하고 있다.

　장한나는 세계적인 첼리스트이자 독일 함부르크 심포니 오케스트라의 수석 객원 지휘자이다. 그녀에게는 별명이 하나 있다. 바로 루틴의 여왕이 그것이다. 그녀의 하루는 새벽 5시에 시작된다. 아침은 6시 반에 먹는다. 그녀의 아침 식탁에는 항상 토마토가 오른다. 토마토를 너무나 사랑한 나머지 '또마토'라고 불릴 정도다. 토마토로 시작하는 아침 루틴은 그녀의 바쁜 삶을 지탱하는 힘이기도 하다. 이렇듯 성공한 사람들은 좋은 컨디션을 유지하기 위한 자신만의 루틴을 가지고 있다. 그들이 존경을 받는 것은 철저한 자기 관리 덕분이다. 그들이 유혹에 흔들리지 않는 것은 지금까지의 경험을 통해 방심이 얼마나 무서운 것임을 알고 있기 때문이다. 높은 자리에 오를수록 방심을 경계해야 한다. 한순간의 실수로 나락으로 떨어지는 것은 드문 일이 아니다. 그들이 때로는 뻔하고 단조로워 보이는 루틴을 지키는 것은 일탈의 무서움을 알기 때문이다. 일상의 루틴이 무너지게 되면 제자리로 돌리는 데 큰 노력이 필요하다는 것을 잘 알기 때문이다.

방송에서는 가끔 유명인들의 일탈을 보도한다. 그들이 흐트러진 모습을 보이는 것은 루틴에 문제가 생겼기 때문이다. 제대로 된 루틴이 자리를 잡기 전에 유명해졌을지도 모른다. 갑자기 유명세를 치르는 바람에 기존 루틴이 무너졌을 수도 있다. 자기 관리를 잘하는 유명인의 경우에는 아침부터 밤까지 루틴이 단단하게 짜여 있는 경우가 많다. 갑작스러운 변수가 생겼을 때도 플랜 B가 항상 준비된 그들이다. 방송인 유재석은 국민 MC로 불린다. 그는 어떠한 상황에서도 자기 관리가 철저하다고 알려져 있다. 해외 촬영을 하러 갔을 때도 자유 시간에는 헬스장으로 향한다고 한다. 성공한 이후에는 좋아하던 술을 아예 한 방울도 입에 대지 않는다. 그가 오랫동안 최고의 MC로 명성을 날릴 수 있는 것도 철저한 자기 관리가 있었기 때문이다. 그는 퇴근 후에도 여러 방송사의 예능 프로그램을 돌려 보면서 아이디어를 떠올린다고 한다. 최고의 자리에 있음에도 불구하고 노력을 멈추지 않는 것이다.

잠시 반짝하고 사라지는 수많은 별이 있다. 기업인 중에도 막대한 부를 손에 넣었음에도 몇 년 만에 빈털터리가 되어 사라지는 경우를 종종 보게 된다. 이들이 노력을 안 해서 무너진 것은 아니다. 실력이 부족해서 사라진 것은 아니다. 한때는 누구보다도 노력한 끝에 성공 신화를 써나간 사람들이다. 하지만 정상에 오른 순간 그들은 변했다. 자신을 성공으로 이끈 루틴을 지키지 않았을 수도 있다. 새롭게 바뀐 환경에 적응을 못했을 수도 있다. 성공했을 때가 가장 조심해야 할 때이다. 초심을 잃고 변하는 순간 위기가 시작됨을 알아야 한다. 높은 자리에 올랐다면 루틴을 더욱 철저히 지켜야 한다. 초심을 잃고 루틴이 무너지는 순간 추락이 눈앞으로 다가올 수 있음을 항상 주의해야 한다.

  일반인이라고 해서 다르지 않다. 잠시의 성공과 행운이 평생 함께할 것으로 생각해서는 안 된다. 운은 잠시 내 곁에 머물 뿐이다. 행운이 찾아왔다면 불행도 찾아올 수 있음을 알아야 한다. 순간의 행운에 너무 많은 것을 기대하게 되면 평생 운에만 의지해서 사는 수밖에 없다. 갑작스러운 변수에 대응하기 어렵다. 새로운 도전에 어려움을 느낀다. 현재의 성공에 만족해서는 안 된다. 좀 더 높은 곳을 바라보며 자신을 단련해야 한다. 제자리에 머무르다 보면 성장이 아닌 퇴보만이 기다릴 뿐이다. 나를 성공으로 이끈 루틴을 믿고 꾸준하게 반복해야 한다. 루틴은 성공으로 이끄는 힘이 있다. 성공을 최대한 유지하는 힘도 가지고 있다. 운동, 글쓰기, 독서 등을 꾸준히 실행한다면 성공의 기쁨을 오래도록 누릴 수 있다. 꾸준히 노력하는 사람에게는 기회가 계속 찾아온다. 성공의 기쁨이 유지되는 상황에서 나를 성공으로 이끈 루틴을 강화해야 한다. 단단하게 만들어야 한다. 그래야 현재의 성공이 완전히 내 것으로 된다. 유혹에 흔들리지 않는다.

오랫동안 높은 자리를 유지하는 사람들은 초심을 잃지 않은 사람들이다. 이들에게는 성공이란 잠시 지나가는 정거장일 뿐이다. 그들의 시선은 항상 위를 바라보고 있다. 현재에 만족하지 않고 더 빛나는 미래를 꿈꾸고 있다. 그렇기에 방심하지 않고 자신만의 루틴을 충실히 수행하고 있다. 세상에 대한 불평불만은 성공하지 못한 사람들이 하는 것이다. 노력하지 않는 사람들이 하는 푸념이다. 성공한 사람들은 남들보다 더 열심히 움직이는 사람들이다. 그들은 지금도 부지런히 루틴을 실행하며 자신을 강하게 만들고 있다. 환경 탓을 하기보다는 스스로 기회를 만들고 이를 성공시키기 위해 노력을 멈추지 않고 있다.

09

나만의 루틴을 최적화하는 방법

옳은 방향을 선택했다고 생각되면 그 방향을 확신해라. 속력은 중요하지 않다.

- 크리스 가드너

　루틴의 효과를 맛보려면 시간이 필요하다. 언제 터질지 아무도 모르는 일이다. 꾸준함이 루틴의 주동력인 것은 이 때문이다. 에너지 관리를 제대로 하지 못하면 방전이 되어 버리는 최악의 상황을 맞이할지도 모른다. 정신적 탈진 상태인 번아웃이 올 수도 있다. 잠깐의 슬럼프라면 크게 걱정할 필요는 없다. 조금만 쉬면 정상으로 돌아올 수 있으니 말이다. 문제는 번아웃 상태다. 번아웃 상태에서는 아주 작은 일도 실행하기 어렵다. 언제 회복될지도 알 수 없다. 번아웃에 빠지게 되면 앞날을 예측할 수 없다. 최악의 상황을 방지하기 위해서는 무리를 해서는 안 된다. 자신이 가지고 있는 에너지의 총량을 알고 있어야 한다.

김익한 교수는 대한민국 기록을 책임지는 국내 1호이자 최고의 기록학자이다. 그는 26년 동안 기록에 매진하여 현 국가기록관리 제도의 틀을 만들었다. 현재는 문화제작소 가능성들의 대표이사로 재직 중인 그는 베스트셀러 〈거인의 노트〉의 저자이기도 하다. 기록학자로서 자기 계발에도 관심이 많은 그는 자기 계발을 위한 기초 근력의 요소로 생각력, 연구력, 실행력, 관계력, 향유력의 다섯 가지 요소를 강조했다. 기초 근력이 강화되면 루틴의 성공 가능성도 높아진다. 루틴은 자기 계발과 뗄 수 없는 관계를 가지고 있기 때문이다. 그가 말한 기초 근력의 다섯 가지 요소를 루틴에 적용해 보았다.

먼저 생각력은 사색을 하는 힘이다. 생각하지 않고서는 아무 일도 계획할 수 없다. 루틴을 설계하려면 먼저 생각을 해야 한다. 내게 필요한 행동이 무엇인지 찾아야 한다. 연구력은 생각을 심화시키는 힘이다. 루틴으로 만들고 싶은 행동을 떠올렸다면 어떻게 해야 효과적으로 실행할지에 대해 연구해야 한다. 바로 실행하는 것도 좋지만 효과적인 방법을 생각한 후에 실행에 옮긴다면 루틴은 좀 더 단단해진다. 실행력은 생각과 연구에서 비롯된 결과물을 실행으로 옮기는 힘이다. 생각과 연구로 다져진 루틴을 이제야 실행할 때가 왔다. 작은 루틴이라면 생각과 동시에 실행하는 것도 나쁘지 않다. 운동 루틴을 만들기로 마음먹었다면 먼저 운동화를 신고 밖으로 나가보는 것을 추천한다. 구체적인 방법은 천천히 뛰면서 생각해도 늦지 않다. 때로는 실행력이 생각과 연구보다 앞장을 서도 좋을 때가 있다.

 루틴의 실행에 성공했다면 이제부터는 사람들과의 관계를 생각해야 한다. 관계력은 나와 다른 사람들과의 관계를 의미한다. 루틴을 꾸준하게 효과적으로 반복하기 위해서는 함께 뛰는 동료들이 필요하다. 내가 목표로 하는 방향과 일치하는 모임에 참가하는 것도 좋은 방법이다. 건강을 위해 달리기로 마음을 먹었다면 달리기 모임에 가입하는 것도 좋다. 책을 꾸준히 읽겠다면 독서 모임에 가입하면 도움이 된다. 글쓰기를 위해서는 글쓰기 혹은 책쓰기 모임에 가입하면 큰 도움이 된다. 마지막으로 향유력은 잠시 쉬어가는 시간을 말한다. 아무리 의지가 강한 사람이라 할지라도 24시간 내내 루틴을 실행할 수는 없다. 루틴을 흔들리지 않고 꾸준히 이어가기 위해서는 반드시 휴식 시간이 필요하다. 하루에 24시간이 아니라 24분도 집중하기 어려운 것이 인간이다. 집중력을 높이기 위해서는 적당한 쉼과 놀이가 필요하다. 루틴을 놀이로 생각한다면 즐겁게 이어갈 수 있다. 취미활동과 병행하는 것도 루틴을 편하게 만드는 방법이다. 즐거움이 느껴질수록 루틴은 단단해진다. 내가 운동을 꾸준히 할 수 있는 것도 운동을 마친 다음에 느끼는 상쾌함 덕분이다. 글쓰기와 전혀 상관이 없던 내가 글쓰기를 꾸준히 할 수 있는 것도 즐겁기 때문이다. 루틴에서 행복을 느끼는 것만큼 루틴을 유지하는 데 확실한 방법도 없다.

당신이 평소 좋아하거나 선호하는 일을 떠올려 보라. 하고 싶은 일도 좋다. 책 읽기를 좋아했다면 독서를 루틴에 넣어야 한다. 몸이 무겁고 답답한 느낌이 들어서 운동을 해야겠다고 생각했다면 운동 루틴을 만들어야 한다. 필사를 좋아하는 사람이라면 필사하는 시간을 정해 놓고 루틴으로 만드는 것이 좋다. 여기서 주의해야 할 점이 한 가지 있다. 루틴을 만들 때는 기대치를 너무 높게 설정해서는 안 된다. 루틴으로 만들었다고 해서 당장 결과가 나타나지 않는다. 우선은 매일 반복하는 것에 의미가 부여하라. 꾸준히 해야 결과가 나온다. 하루하루 쌓인 경험이 성과로 나타나는 것이다. 당장 반응이 없다고 실망하면 안 된다. 루틴의 성과는 어딘가에 차곡차곡 쌓이고 있다. 노력은 배신하지 않는다. 중간에 포기하지 않는다면 루틴의 효과를 맛보게 된다.

중요한 것은 지치지 않는 것이다. 가지고 있는 에너지 모두를 루틴에 모조리 쏟아붓는 것은 추천하지 않는다. 에너지는 항상 여유분을 비축하고 있어야 한다. 그래야 돌발 상황에 대처할 수 있다. 빨리 효과를 누리고 싶은 마음에 서두르면 좋은 결과를 얻지 못한다. 결과가 나오지 않으면 조급한 마음이 생긴다. 매일 반복하는 행동에 지겨움을 느낄 수 있다. 이런 상황에서는 긍정적인 마음을 유지하기가 어렵다. 부정적인 생각이 나타날 가능성이 높아진다.

기초 근력의 다섯 가지 요소 중에 향유력이 필요한 것도 이때문이다. 우리가 지치지 않기 위해서는 적절한 휴식이 필요하다. 체력은 잠을 자는 것으로 회복할 수 있다. 하지만 정신력은 단순히 잠을 자는 것만으로 회복되지 않는다. 기분을 전환해 줘야 한다. 집착과 조급함을 내려놓을 수 있게 도와야 한다. 목표에 도달했으면 푹 쉬어야 한다. 좋아하는 취미를 즐겨야 한다. 그래야 생각이 유연해진다. 루틴을 이어가는 데도 도움이 된다. 혼자만의 여행을 떠나거나 몇 시간 정도 취미에 푹 빠져보는 것도 좋은 방법이다. 잘 쉬는 것도 중요하다. 쉬는 것도 루틴에 포함된다는 생각을 가져야 한다. 잘 쉬는 사람이 루틴도 잘 한다.

에필로그

내 삶은 글쓰기 전과 후로 나뉜다. 정확히 말해 글쓰기를 포함한 루틴을 만들기 전과 후로 나뉜다. 과거의 나는 남들의 시선을 지나치게 의식하며 살아왔다. 이제는 내 삶을 살아가고 있다. 전에는 막연히 돈만을 보고 살아왔다면 이제는 꿈을 꾸며 살고 있다. 내게 용기를 준 것은 사람들이었다. 내게서 용기를 빼앗아 간 것도 사람들이었다. 루틴을 통해 자신을 바로 세우게 되니 신기하게도 내게 해가 되는 사람들이 조금씩 멀어지기 시작했다. 과거의 내 주변은 온통 불만으로 똘똘 뭉친 사람들로 가득했다. 루틴이 힘을 발휘하게 되면서 알게 된 사람들은 내 자존감을 세워주는 사람들이었다. 사람은 환경의 영향을 받지 않을 수 없다. 스스로 알을 깰 수도 있지만 남들의 도움이 있다면 보다 빠르고 효율적으로 알을 깰 수 있다. 안 좋은 습관으로 가득 찬 상태에서는 알을 깨려는 시도조차 할 수 없다.

알을 깨기 위해서는 스스로의 노력이 필요하다. 두려움으로 피해서는 안 된다. 세상을 똑바로 보고 스스로의 힘으로 서는 연습을 해야 한다. 매일 반복된 행동 속에서 자신감을 되찾을 수 있다. 독서, 글쓰기, 운동, 명상 등을 통해 나를 찾을 수 있다. 나를 찾게 되면 답답한 일상에도 변화가 생긴다. 내가 변하면 주변이 변하게 된다. 이미 알을 깬 사람들이 주위로 몰려들게 된다. 다가온 그들을 놓치지 않길 바란다. 내게 도움을 줄 수 있는 사람들이다. 그들에게 끊임없이 질문을 던지고 그들이 해왔던 방법을 따라 해 봐야 한다. 가만히 있어서는 안 된다. 누가 해주기를 기대해서도 안 된다. 불가능한 일이라고 손을 놓고 있어서도 안 된다. 모르면 물어보고 안 되면 다른 방법을 찾아야 한다. 어떻게든 해결 방법을 찾으려고 노력해야 한다. 얼마나 노력했느냐에 따라 알이 빠르게 깨질 수도 있고 느리게 깨질 수도 있다. 중요한 것은 중간에 포기해서는 안 된다는 것이다. 실패해도 좋다. 포기만 하지 않으면 알은 언젠가는 깨지게 된다.

기회는 기다리는 것이 아니라 만드는 것이다. 과거의 나는 가만히 앉아서 기다리기만 했다. 남의 눈치를 살피고 애꿎은

남 탓만을 했다. 왜 내게는 기회가 없는 것이냐며 하늘을 원망하기도 했다. 원망한다고 세상이 바뀌지 않는다. 자책한다고 나아지는 것은 아무것도 없다. 기회는 스스로 만들어야 한다. 루틴을 반복하면서 기회는 스스로 만들어야 한다는 것을 깨달았다. 독서, 글쓰기, 운동 등을 통해 해답을 찾을 수 있다는 것을 알게 됐다. 성공은 누가 먼저 기회를 찾느냐의 싸움이다. 기회를 찾는 것만으로 완성되지 않는다. 꾸준히 노력해야 한다. 맨땅에 헤딩하기보다는 성공한 사람을 보고 그들의 노하우를 배워야 한다. 그들의 루틴을 따라 해보고 내게 맞는 루틴을 설계하고 실행해야 한다. 성공으로 가는 기회는 그리 먼 곳에 있지 않다.

사람은 기막히게도 하지 않을 핑계를 귀신같이 찾아내는 본능을 가지고 있다. 해야 할 일을 앞에 두고 잠시 한눈을 팔게 되면 하지 말아야 할 핑곗거리를 몇십 개나 만들어낼 것이다. 운동을 나가고자 할 때도 잠시 머뭇거리는 사이에 나가지 않아야 할 이유를 순식간에 만들어내는 것이 생각이라는 녀석이다. 해결 방법은 의외로 간단하다. 그냥 하면 된다. 머리로 생각하지 말고 몸부터 움직여야 한다. 몸이 움직이게 되면 생각은 마지못해 따라오게 될 것이다. 루틴이 중요한 이유는 여기에 있다. 매일 반복되는 일을 몸에 익숙하게 만들어 놓으면 생각이 개입할 틈이 없이 몸이 움직이게 될 것이다. 몸이 움직이고 있으면 생각은 자연스럽게 빠르게 해결할 방법을 찾게 된다. 글쓰기를 통해 알게 된 사람들은 행동의 중요성을 아는 사람들이었다. 실행력이 남다른 사람들이었다. 그들 사이에 섞여 있으면 어떻게든 하게 된다. 책을 쓰거나 책을 읽게 된다. 잠시라도 쉬게 되면 그들에게 뒤처진 생각에 어떻게든 움직이게 된다.

루틴을 반복함으로써 얻는 3가지 효과는 다음과 같다. 꾸준함, 공동체의 힘, 그리고 회복탄력성이다. 루틴을 반복함으로써 3가지의 효과를 경험하고 몸에 착 달라붙게 만든다. 내가 루틴을 반복할 수 있었던 것도 3가지 효과를 경험하고 이를 실행에 옮긴 덕분이다.

첫 번째로 꾸준함은 결과를 만들어내는 최고의 방법이다. 꾸준함을 유지하면 어떻게든 결과가 나온다. 상황에 따라 시간은 달라진다. 하지만 꾸준함의 결과는 달라지지 않는다. 내가 인생을 새로 시작하고 사람들에게 이름을 알리게 된 것도 꾸준함 덕분이다. 블로그를 열심히 했더니 이웃이 늘었다. 블로그에 쓴 글을 기반으로 책을 썼더니 작가가 됐다. 이 책이 나오게 되면 더 많은 사람들에게 내 이름을 알릴 수 있다. 꾸준함이 퍼스널 브랜딩으로 이어지는 것이다.

두 번째 효과는 공동체의 힘이다. 루틴은 강력한 공동체의 힘을 느끼게 해준다. 각종 챌린지를 통해 많은 사람들을 알게 됐고 그들과 소통할 수 있게 됐다. 혼자였다면 포기할 수 있는 상황에서 나와 함께 하는 이들이 있기에 포기하지 않게 되었다. 도움을 받는 것뿐만이 아니라 내가 도움을 줄 수 있다는 것도 알게 되었다. 남을 돕는 것은 행복한 일이다. 나의 성장을 돕는 길이기도 하다.

루틴의 효과 중 마지막은 회복탄력성이다. 아무리 좋은 계획과 의지가 있어도 모든 일이 내 뜻대로 흘러가지는 않는다. 여러 가지 돌발 변수가 생긴다. 몸이 아플 수도 있다. 예기치 않은 사고를 겪을 수도 있다. 이럴 때는 급한 불부터 꺼야 한다. 며칠 정도 루틴이 끊길 수도 있다. 그렇다고 해서 자책하거나 좌절해서는 안 된다. 힘들수록 긍정적인 마인드를 유지해야 한다. 포기하지만 않는다면 언제든 제자리로 돌아갈 수 있다. 루틴이 제대로 작동하고 있다면 잠시 멈추는 것은 문제가 되지 않는다. 언제든 제자리로 돌아간다. 오히려 위기를 경험할 때마다 회복탄력성은 점점 더 강해진다.

변화는 나이가 중요하지 않다. 하겠다는 의지가 중요하다. 40대의 마지막 해에 블로그를 시작했다. 본격적으로 글을 쓰기 시작한 것은 50대였다. 포기하지 않고 꾸준히 글을 쓴 덕분에 전자책을 출간하는 데 성공했다. 이제는 종이책 작가로 데뷔를 앞두고 있다. 앞으로 도전이 멈출 일은 없다. 루틴과 함께 새로운 세계를 향한 힘찬 걸음은 계속된다. 루틴의 힘을 믿는다면, 루틴을 통해 자신의 장점을 발견하게 된다면 여러분도 얼마든지 원하는 모습으로 변할 수 있다. 내가 변하면 환경이 변한다. 내게 힘이 될 사람들이 주위로 몰려든다. 현재 내 환경이 마음에 들지 않는다면 아직 준비가 안 됐다는 의미다. 답답함을 느낀다면 스스로 기회를 만들어야 한다. 변화를 위해 필요한 루틴을 설계하고 실행해야 한다.

늦은 시기란 없다.

망한 인생도 없다.

망했다는 생각만 있을 뿐이다.

변하겠다는 의지를 실행으로 옮기는 순간, 당신의 새로운 인생이 시작된다.

바로 이 순간이 당신이 변할 타이밍이다.

작은 루틴부터 시작하라.

내 안의 작은 변화를 즐겨라.

힘든 순간에도 루틴을 포기하지 마라.

루틴은 흔들리는 마음을 잡아준다.

힘든 생각 대신 자신감이 가득 찬다.

반복된 행동이 당신을 강하게 만든다.

당신의 인생은 이제부터 시작이다.

루틴을 통해 꿈을 찾아라.

꿈을 이루기 위한 나의 길을 걸어라.

행복은 멀지 않은 곳에 있다.

원하는 일을 내 의지대로 하는 것이야말로 행복한 인생이다.

이제부터 당신이 걸어갈 인생이다.